初级会计师资格考试考点汇编

初级会计实务

CHUJI KUAIJI SHIWU

会计专业技术资格考试辅导教材研究院　编著

SPM 南方出版传媒　广东人民出版社
·广州·

图书在版编目（CIP）数据

初级会计实务 / 会计专业技术资格考试辅导教材研究院 编著. —广州：
广东人民出版社，2018.3

ISBN 978-7-218-12610-4

Ⅰ．①初… Ⅱ．①会… Ⅲ．①会计实务—资格考试—自学参考资料
Ⅳ．①F233

中国版本图书馆CIP数据核字（2018）第034392号

Chuji Kuaiji Shiwu

初级会计实务

会计专业技术资格考试辅导教材研究院　编著

版权所有　翻印必究

出 版 人：肖风华

责任编辑：王湘庭
封面设计：钱国标
内文设计：奔流文化
责任技编：周　杰　易志华

出版发行　广东人民出版社
地　　址：广州市大沙头四马路10号（邮政编码：510102）
电　　话：（020）83798714（总编室）
传　　真：（020）83780199
网　　址：http://www.gdpph.com
印　　刷：珠海市鹏腾宇印务有限公司
开　　本：787毫米×1092毫米　1/16
印　　张：14　　字　数：300千
版　　次：2018年3月第1版　2018年3月第1次印刷
定　　价：45.00元

会计专业技术资格考试辅导教材研究院

主　　编：李卫华

编委会成员：柳　齐　刘沙靖　王　侨　毛　夏
　　　　　　常　蓉　朱　钰　林久时　齐　红

前　言

　　一年一度的初级会计资格考试临近，各位考生也进入紧张备考阶段，由于从业资格证考试取消，且初级报考取消会计证的限制，2018年初级考试报考人数超过400万，竞争激烈程度前所未有，备考压力巨大。为了帮助广大考生能顺利通过初级考试，本书编委会根据《2018年全国会计专业技术初级资格考试大纲》的要求，针对性地推出了本套考试辅导系列丛书。

　　该系列丛书包括"考点汇编""讲义汇编""考前速记手册"三个种类，共6本图书。对初级考试中的重难点内容进行了归纳总结，并结合练习题，便于考生记忆把握。而且，一方面，该系列丛书采用了双色印刷，突出了重点、难点、高频考点、新增考点等各项核心知识点，另一方面，在整体知识架构和具体知识编排上，书中还大量使用了总结、对比、分类等表格形式，对重要考点进行了科学的归整和总结，不仅在视觉效果上更适合考生阅读，也可以让考生在学习的过程中更精准地把握重点、考点和难点。

　　为了使考生更好地使用该系列丛书，我们建议考生将大部分复习精力和时间放在每章考试大纲中要求掌握和熟悉的考点上，弄清考试重点，了解考试过程中应注意的问题及解题技巧，以便结合教材上的讲解查漏补缺，以不变应万变。

　　参与该系列丛书编写的编委会成员，皆是深耕会计行业，从业多年的资深会计师以及高校导师，无论是对考点和试题的把握还是知识的实际运用，都有丰富经验。在本书的编写与出版过程中，尽管编者精益求精，但由于时间紧迫，加之工作量大，书中难免有错漏和不足之处，恳请广大读者批评指正。

　　有付出，定会有收获。最后，预祝所有考生顺利通过考试！

会计专业技术资格考试辅导教材研究院编委会

目　录

Contents

第一章 会计概述

第一节 会计概念、职能和目标

一、会计概念

会计的概念及特征是本章节的考点，如表1-1所示。

表1-1 会计的概念及特征

考点	考点详解
概念	以货币为主要计量单位，采用专门方法和程序，对企业和行政、事业单位的经济活动进行完整的、连续的、系统的核算和监督，以提供经济信息和反映受托责任履行情况为主要目的的经济管理活动。（考点：主要计量单位；行政、事业单位的经济活动）
特征	1. 货币为主要计量单位（货币不是唯一单位。会计还会用数量单位、时间单位等辅助计量单位）； 2. 采用专门的方法和程序（会计记账独有的技能）； 3. 完整、连续、系统的核算和监督（会计两大基本职能）； 4. 提供经济信息、反映受托责任（会计的两个目标）。

二、会计职能

（一）会计的职能分类如图1-1所示。

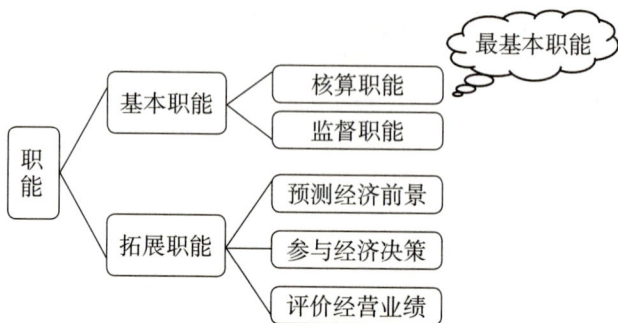

图1-1 会计职能

（二）会计的五大职能及考点详解如表1-2所示。

表1-2 会计的五大职能表

会计的五大职能	考点详解
核算职能	又称会计反映职能，是指会计以货币为主要计量单位，对特定主体的经济活动进行确认、计量和报告（考点：核算的流程）。
监督职能	又称会计控制职能，是指对特定主体经济活动和相关会计核算的真实性、合法性和合理性进行监督检查。真实性审查，是指检查各项会计核算是否根据实际发生的经济业务进行。（考点：真实、合法、合理性审核，预算和绩效考核也是监督）
预测经济前景	根据财务报告等提供的信息，定量或者定性地判断和推测经济活动的发展变化规律，以指导和调节经济活动，提高经济效益。
参与经济决策	根据财务报告等提供的信息，运用定量分析和定性分析方法，对备选方案进行经济可行性分析，为企业经营管理等提供决策相关的信息。
评价经营业绩	利用财务报告等提供的信息，采用适当的方法，对企业一定经营期间的资产运营、经济效益等经营成果，对照相应的评价标准，进行定量及定性对比分析，作出真实、客观、公正的综合评判。

（续上表）

会计的五大职能	考点详解
基本职能的关系	两者是相辅相成、辩证统一的关系：会计核算是会计监督的基础，没有会计核算所提供的各种信息，会计监督就失去了依据；会计监督又是会计核算的质量保障，只有会计核算，没有会计监督，就难以保证会计核算所提供信息的真实性和可靠性。

三、会计目标

会计目标也称会计目的，是要求会计工作完成的任务或达到的标准，即向财务会计报告使用者提供与企业财务状况、经营成果和现金流量等有关的会计信息，反映企业管理层受托责任履行情况，有助于财务会计报告使用者作出经济决策。会计目标的内容如图1-2所示。

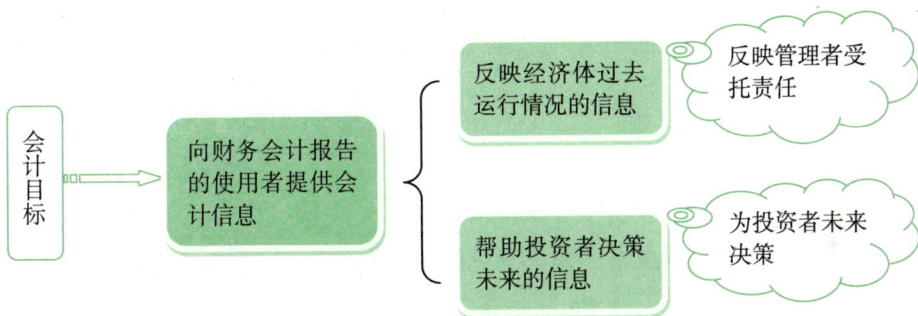

图1-2　会计目标

提示

1. 财务报告外部使用者主要包括投资者、债权人、政府及其有关部门和社会公众等。

2. 投资者是企业资本的主要提供者，如果财务报告能够满足这一群体的会计信息要求，通常情况下也可以满足其他使用者的大部分信息要求。

第二节 会计基本假设、会计基础和会计信息质量要求

一、会计基本假设

会计基本假设是企业会计确认、计量和报告（会计核算）的前提，是对会计核算所处时间、空间环境等所作的合理假定。会计基本假设包括会计主体、持续经营、会计分期和货币计量。如表1-3所示。

表1-3　会计基本假设

会计主体	会计工作服务的特定对象，指会计核算和监督的特定单位或组织。是会计核算监督的范围。同一个法律主体中，也可能存在多个会计主体。
持续经营	在可以预见的将来，企业将会按当前的规模和状态继续经营下去，不会停业，也不会大规模削减业务。是会计核算和监督的前提。
会计分期	将一个企业持续经营的经济活动划分为一个个连续的、长短相同的期间，以便分期结算账目和编制财务会计报告。 【提示】1. 持续经营和会计分期界定了会计信息的时间段落。 2. 由于会计分期，才产生了当期与其他期间的差别，从而形成了权责发生制和收付实现制的区别。
货币计量	会计主体在会计确认、计量和报告时以货币作为计量尺度，反映会计主体的经济活动。我国的会计核算应以人民币为记账本位币。

二、会计基础

会计基础（确认收入和费用的标准）是指会计确认、计量和报告的基础，包括权责发生制和收付实现制，如表1-4所示。

表1-4　会计基础

权责发生制	是指收入、费用的确认应当以收入和费用的实际发生作为确认的标准，合理确认当期损益的一种会计基础。在我国，企业会计核算采用权责发生制。 【结论】1. 本期支付不一定是本期的费用；2. 属于本期的费用，可能已付，也可能未付。
收付实现制	（两个凡是）凡在本期实际收到现金（或银行存款）的收入，不论款项是否属于本期，均作为本期收入处理；凡在本期实际以现金（或银行存款）付出的费用，不论其应否在本期收入中取得补偿，均作为本期费用处理。 是以收到或支付现金作为确认收入和费用的标准，是与权责发生制相对应的一种会计基础。在我国，政府会计由预算会计和财务会计构成。其中预算会计采用收付实现制，国务院另有规定的，依照其规定；财务会计采用权责发生制。

三、会计信息质量要求

会计信息质量要求是对企业财务会计报告中所提供高质量会计信息的基本规范，是使财务会计报告中所提供会计信息对信息使用者（包括投资者、债权人、企业管理者、政府及其相关部门和社会公众）决策有帮助所必须的基本特征。主要包括可靠性、相关性、可比性、可理解性、谨慎性、实质重于形式、重要性、及时性等，如表1-5所示。

表1-5　会计信息质量要求

特征	内容
可靠性	要求企业应当以实际发生的交易或者事项为依据进行会计确认、计量和报告，如实反映符合确认和计量要求的各项会计要素及其他相关信息，保证会计信息真实可靠、内容完整。它是高质量会计信息的重要基础和关键所在。

（续上表）

特征	内容
相关性	要求企业提供的会计信息应当与财务报告使用者的经济决策需要相关，有助于财务报告使用者对企业过去、现在的情况作出评价，对未来的情况作出预测。
可理解性	要求企业提供的会计信息应当清晰明了、简明扼要，便于财务会计报告使用者理解和使用。
可比性	可比性要求企业提供的会计信息应当相互可比，保证同一企业不同时期可比、不同企业相同会计期间可比。 1.纵向可比（一个主体纵深比较）：要求同一企业不同时期发生的相同或者相似的交易或者事项，应当采用一致的会计政策，不得随意变更。（不是不得变更）。 2.横向可比（多个主体平行比较）：要求不同企业相同会计期间发生的相同或者相似的交易或者事项，应当采用规定的会计政策，确保会计信息口径一致、相互可比。
实质重于形式	要求企业应当按照交易或者事项的经济实质进行会计确认、计量和报告，不应仅以交易或者事项的法律形式为依据。例如：融资租入固定资产应作为企业的资产。
重要性	要求企业提供的会计信息应当反映与企业财务状况、经营成果和现金流量有关的所有重要交易或者事项（说的主要是财务报表）。对重要会计事项，必须按照规定的会计方法和程序进行处理，并在财务报告中予以充分、准确地披露；对于次要的会计事项，在不影响会计信息真实性和不至于误导财务报告使用者作出正确判断的前提下，可适当简化处理。
谨慎性	要求企业对交易或者事项进行会计确认、计量和报告时应当保持应有的谨慎，不应高估资产或者收益、低估负债或者费用。但是，谨慎性的应用并不允许企业设置秘密准备，如果企业故意低估资产或者收益，或者故意高估负债或者费用，将不符合会计信息的可靠性和相关性要求（销售商品的保修费确认为预计负债）。

（续上表）

特征	内容
及时性	要求企业对已经发生的交易或者事项，应当及时进行会计确认、计量和报告，不得提前或者延后。具体要求为： 1．要求及时收集会计信息，即在交易或者事项发生后，及时收集整理各种原始单据或者凭证。 2．要求及时处理会计信息，即按照《企业会计准则》的规定，及时对交易或者事项进行确认或者计量，并编制财务报告。 3．要求及时传递会计信息，即按照国家规定的有关时限，及时地将编制的财务报告传递给财务报告使用者，便于其及时使用和决策。

第三节 会计要素及其确认与计量

一、会计要素及其确认条件

会计要素是指根据交易或者事项的经济特征所确定的财务会计对象的基本分类，也是对经济体资金运动的具体分类，如图1-3所示。

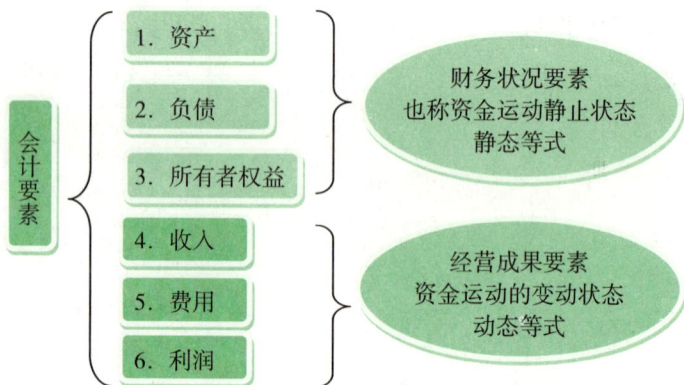

图1-3 会计要素的分类

（一）资产的概念及其确认条件

表1-6为资产的概念及其确认条件。

表1-6 资产的概念及其确认条件

概念	指企业过去的交易或者事项形成的、由企业拥有或控制的、预期会给企业带来经济利益的资源。
特征	1. 资产是由企业过去的交易或者事项形成的。过去的交易或者事项＝购买+生产+建造等等。 2. 资产是企业拥有（所有权）或者控制（融资租入固定资产）的资源。 3. 资产预期会给企业带来经济利益。

（续上表）

确认	1. 与该资源有关的经济利益很可能流入企业（大于50%，小于等于95%）。 2. 该资源的成本或者价值能够可靠地计量。
分类（流动资产）	1. 货币资金（现金、银行存款、其他货币资金）。 2. 应收款项（应收账款、预付账款、应收票据、应收股利、应收利息、其他应收款）。 3. 金融资产（交易性金融资产、短期投资—事业单位）。 4. 存货（五大类：原材料、低值易耗品、委托加工物资、包装物、库存商品）。
分类（非流动资产）	1. 固定资产。 2. 无形资产。 3. 长期类投资。 4. 长期待摊费用、商誉。

（二）负债的概念及其确认条件

表1-7为负债的概念及其确认条件。

表1-7　负债的概念及其确认条件

概念	指企业过去的交易或事项形成的，预期会导致经济利益流出企业的现时义务，或自资产负债表日起一年内（含）到期应予清偿的义务。
特征	1. 负债是由过去的交易或者事项形成的。 2. 负债是企业承担的现时义务。（不是潜在义务） 3. 负债预期会导致经济利益流出企业。
确认	1. 与该义务有关的经济利益很可能流出企业。 2. 未来流出的经济利益的金额能够可靠地计量。
分类（流动负债）	又称短期负债（预计在一个正常营业周期中清偿的债务）。 1. 短期借款。 2. 应付账款、预收账款。 3. 应付职工薪酬。 4. 应交税费。 5. 应付股利、利息、其他应付款。

（续上表）

分类（非流动负债）2018年删除内容	又称长期负债，新教材中长期负债知识取消了。 1．长期借款。 2．应付债券。 3．长期应付款。

（三）所有者权益的概念及其确认条件

表1-8为所有者权益的概念及其确认条件。

表1-8　所有者权益的概念及其确认条件

概念	指企业资产扣除负债后由所有者享有的剩余权益。公司的所有者权益又称为股东权益。 所有者权益在计量时等于企业资产总额扣除债权人权益后的净额，即为企业的净资产，反映所有者（股东）在企业资产中享有的经济利益。
特征	1．除非发生减资、清算或分派现金股利，企业不需要偿还所有者权益。 2．企业清算时，只有在清偿所有的负债后，所有者权益才返还给所有者。 3．所有者凭借所有者权益能够参与企业利润的分配。
确认	所有者权益的确认、计量主要取决于资产、负债、收入、费用等其他会计要素的确认和计量。
分类	1．所有者权益的来源包括所有者投入的资本、直接计入所有者权益的利得和损失、留存收益等。具体表现：实收资本（或股本）、资本公积（资本溢价、其他资本公积）、盈余公积和未分配利润、其他综合收益、库存股、本年利润。 2．所有者投入的资本是指所有者投入企业的资本部分，它既包括构成企业注册资本（实收资本）或者股本部分的金额，也包括投入资本超过注册资本或者股本部分的金额，即资本溢价或者股本溢价，这部分投入资本在我国企业会计准则体系中被计入了资本公积，并在资产负债表中的资本公积项目反映。

（四）收入的概念及其确认条件

表1-9为收入的概念及其确认条件。

表1-9　收入的概念及其确认条件

概念	指企业在日常活动中形成的、会导致所有者权益增加的、与所有者投入资本无关的经济利益的总流入。
特征	1．收入是企业在日常活动中形成的（考点：非经营活动的收益判断）。 2．收入会导致所有者权益的增加（考点：所有者权益增加的情形，如投资、增值等）。 3．收入是与所有者投入资本无关的经济利益的总流入（考点：非流动资产处置）。
确认	企业应当在客户取得相关商品控制权时确认收入： 1．合同各方已批准该合同并承诺将履行各自义务。 2．该合同明确了合同各方与所转让商品或提供劳务相关的权利和义务。 3．该合同有明确的与所转让商品或提供劳务相关的支付款项。 4．该合同具有商业实质，即履行该合同将改变企业未来现金流量的风险，时间分布或金额。 5．企业因向客户转让商品或提供劳务而有权取得的对价很可能收回。
分类	1．收入包括主营业务收入和其他业务收入。 （1）主营业务收入是由企业的主营业务所带来的收入； （2）其他业务收入是除主营业务活动以外的其他经营活动实现的收入。 2．收入按性质不同，可分为销售商品收入、提供劳务收入、让渡资产使用权收入等。

（五）费用的概念及其确认条件

表1-10为费用的概念及其确认条件。

表1-10　费用的概念及其确认条件

概念	指企业在日常活动中发生的、会导致所有者权益减少的、与向所有者分配利润无关的经济利益的总流出。
特征	1．费用是企业在日常活动中发生的；非日常活动→损失（如地震、罚款支出）。 2．费用会导致所有者权益的减少。 3．费用是与向所有者分配利润无关的经济利益的总流出。（分配股利不属于费用）

（续上表）

确认	费用的确认除了应当符合定义外，至少应当符合以下条件： 1. 与费用相关的经济利益应当很可能流出企业。 2. 经济利益流出企业的结果会导致资产的减少或者负债的增加。 3. 经济利益的流出额能够可靠计量。
分类	费用包括生产费用与期间费用。 1. 生产费用是指与企业日常生产经营活动有关的费用，按其经济用途可分为直接材料、直接人工和制造费用。 2. 期间费用是指企业本期发生的、不能直接或间接归入产品生产成本，而应直接计入当期损益的各项费用，包括管理费用、销售费用和财务费用。

（六）利润的概念及其确认条件

表1-11为利润的概念及其确认条件。

表1-11　利润的概念及其确认条件

概念	指企业在一定会计期间的经营成果。
确认	1. 利润反映收入减去费用、直接计入当期利润的利得减去损失后的净额。 利润＝日常活动+非日常活动＝营业利润+非营业利润 2. 利润的确认主要依赖于收入和费用，以及直接计入当期利润的利得和损失的确认，其金额的确定也主要取决于收入、费用、利得、损失金额的计量。
分类	利润包括收入减去费用后的净额、直接计入当期损益的利得和损失等。其中，收入减去费用后的净额反映企业日常活动的经营业绩；直接计入当期损益的利得和损失反映企业非日常活动的业绩。 1. 直接计入当期损益的利得和损失，是指应当计入当期损益、最终会引起所有者权益发生增减变动的、与所有者投入资本或者向所有者分配利润无关的利得或者损失。（接受捐赠） 2. 直接计入所有者权益的利得和损失，是指不应计入当期损益、会导致所有者权益发生增减变动的、与所有者投入资本或者向所有者分配利润无关的利得或者损失。（资本溢价）

二、会计要素计量属性及其应用原则

会计计量是为了将符合确认条件的会计要素登记入账并列报于财务报表而确定其金额的过程。会计计量属性主要包括历史成本、重置成本、可变现净值、现值和公允价值等，其内容如表1-12所示。

表1-12　会计计量属性的内容

历史成本	是指为取得或制造某项财产物资时所实际支付的现金或其他等价物。在历史成本计量下，资产按照购置时支付的现金或者现金等价物的金额，或者按照购置资产时所付出的对价的公允价值计量。
重置成本	是指在当前市场条件下，重新取得同样一项资产所需支付的现金或现金等价物金额。常用于盘盈固定资产的入账计量。
现值	指对未来现金流量以恰当的折现率进行折现后的价值，是考虑资金时间价值的一种计量属性。在现值计量下，资产按照预计从其持续使用和最终处置中所产生的未来净现金流入量的折现金额计量。
公允价值	是指市场参与者在计量日发生的有序交易中，出售一项资产所能收到或者转移一项负债所需支付的价格。
可变现净值	是指在正常生产经营过程中，以预计售价减去进一步加工成本和预计销售费用以及相关税费后的净值。其实质就是该资产在正常经营过程中可带来的预期净现金流入或流出（不考虑资金时间价值）。

三、会计等式

会计等式，又称会计恒等式、会计方程式或会计平衡公式；它是表明会计要素之间基本关系的等式，其分类和内容详见图1-4和表1-13。

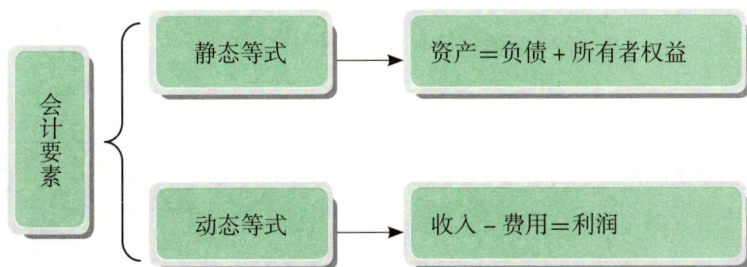

图1-4　会计等式
（会计要素：静态等式→资产=负债+所有者权益；动态等式→收入-费用=利润）

表1-13　会计等式的分类和内容

静态会计等式	财务状况等式，是用以反映企业某一特定时点资产、负债和所有者权益三者之间平衡关系的会计等式。是资金运动相对静止状态的表现。即：资产＝负债＋所有者权益。这一等式是复式记账法的理论基础，也是编制资产负债表的依据。
动态会计等式	是用以反映企业一定时期收入、费用和利润之间恒等关系的会计等式，是资金运动的动态反映。反映经营成果的会计要素包括收入、费用、利润三项，即：收入－费用＝利润。这一等式反映了利润的实现过程，是编制利润表的依据。
动静结合的等式	资产＝负债＋所有者权益＋利润 利润＝收入－费用 资产＝负债＋所有者权益＋（收入－费用） 费用＋资产＝负债＋所有者权益＋收入（考生需要熟记该等式，它是我们判断会计科目增减变动的基础，是记忆会计科目增减的基础）

表1-14　交易或事项对会计等式的影响

交易或事项的变化	影响	
（1）一项资产增加、另一项资产等额减少的经济业务。	左增减	右不变
（2）一项资产增加、一项负债等额增加的经济业务。 （3）一项资产增加、一项所有者权益等额增加的经济业务。	左同加	右增加
（4）一项资产减少、一项负债等额减少的经济业务。 （5）一项资产减少、一项所有者权益等额减少的经济业务。	左同减	右减少
（6）一项负债增加、另一项负债等额减少的经济业务。 （7）一项负债增加、一项所有者权益等额减少的经济业务。 （8）一项所有者权益增加、一项负债等额减少的经济业务。 （9）一项所有者权益增加、另一项所有者权益等额减少的经济业务。	左不变	右增减

第四节 会计科目和借贷记账法

一、会计科目与账户

（一）会计科目

会计科目是对会计要素的具体内容进行分类核算的项目，如图1-5所示。

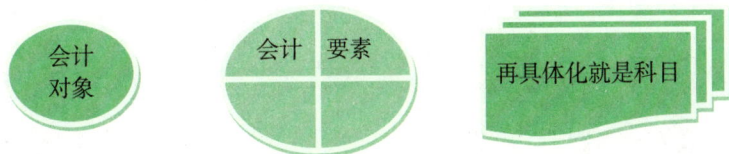

图1-5 会计科目的概念

（二）会计科目的分类

按反映的经济内容分类，会计科目可分为资产类、负债类、所有者权益类、损益类、成本类、共同类等科目，如图1-6所示。

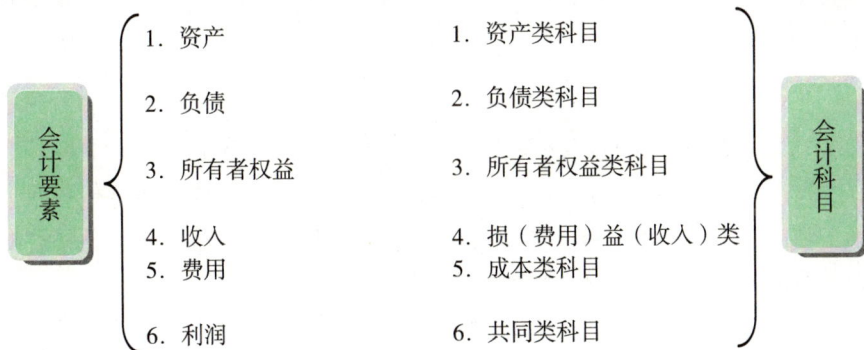

图1-6 会计科目的分类

提示

制造费用、本年利润不是损益类科目，主营业务成本、其他业务成本不是成本类科目。

（三）账户

账户的概念、分类、功能与结构、与会计科目的关系等相关内容，如表1-15所示。

表1-15　账户的内容

概念	账户是根据会计科目设置的，具有一定格式和结构，用于分类反映会计要素增减变动情况及其结果的载体。
分类	1. 根据提供信息的详细程度及其统驭关系分类： （1）总分类账户是指根据总分类科目设置的，用于对会计要素具体内容进行总括分类核算的账户，简称总账。 （2）明细分类账户是根据明细分类科目设置的，用来对会计要素具体内容进行明细分类核算的账户，简称明细账。 2. 根据核算的经济内容分类： （1）资产类账户。 （2）负债类账户。 （3）所有者权益类账户。 （4）成本类账户。 （5）损益类账户。 （6）共同类账户。
功能与结构	1. 功能：在于连续、系统、完整地提供企业经济活动中各会计要素增减变动及其结果的具体信息。会计要素在特定会计期间增加和减少的金额，分别称为账户的"本期增加发生额"和"本期减少发生额"，二者统称为账户的"本期发生额"；会计要素在会计期末的增减变动结果，称为账户的"余额"，具体表现为期初余额和期末余额，账户上期的期末余额转入本期，即为本期的期初余额；账户本期的期末余额转入下期，即为下期的期初余额。 2. 结构：丁字账。
与会计科目的关系	1. 会计科目与账户都是对会计对象具体内容的分类，两者核算内容一致，性质相同。 2. 会计科目是账户的名称，也是设置账户的依据。 3. 账户是会计科目的具体运用，具有一定的结构和格式，并通过其结构反映某项经济内容的增减变动及其余额。

二、借贷记账法

（一）借贷记账法的概念

借贷记账法是指以"借"和"贷"为记账符号的一种复式记账方法（两个维度记账），具体内容见表1-16。

表1-16　借贷记账法

借贷记账法下账户的结构	借贷记账法下账户的左方称之为"借方"，右方称之为"贷方"。（借方增加还是贷方增加取决于账户的性质与所记录经济内容的性质）
借贷记账法的记账规则	有借必有贷，借贷必相等。
账户对应关系与会计分录	记账习惯可分为先借后贷、上借下贷和借贷错位。 【提示】不能将没有相互联系的简单分录合并相加成多借多贷的会计分录，否则无法反映账户的对应关系。
试算平衡（考点）	1．发生额试算平衡：指全部账户本期借方发生额合计与全部账户本期贷方发生额合计保持平衡。（依据：借贷记账法记账规则） 公式为： 全部账户本期借方发生额合计＝全部账户本期贷方发生额合计 【提示】全部账户的借方等于贷方，不是资产类账户的借方和负债+所有者权益的贷方。 2．余额试算平衡：指全部账户借方期末（初）余额合计与全部账户贷方期末（初）余额合计保持平衡，如图1-7所示。（依据是财务状况等式） 3．试算平衡表的编制：在期末结出各账户的本期发生额合计和期末余额后编制。 4．编制试算平衡表时的注意事项： （1）必须保证所有账户的余额均已记入试算表。 （2）如果试算表借贷不相等，肯定账户记录有错误，应认真查找，直到实现平衡为止。

（续上表）

试算平衡 （考点）	（3）试算平衡表不能查出的错误： ①漏记某项经济业务； ②重记某项经济业务； ③某项经济业务记错有关账户； ④某项经济业务在账户记录中，颠倒了记账方向； ⑤借方或贷方发生额中，偶然发生多记或少记并相互抵消，借贷仍然平衡； ⑥某项经济业务记录的应借应贷科目正确，但借贷双方金额同时多记或少记，且金额一致，借贷仍然平衡。

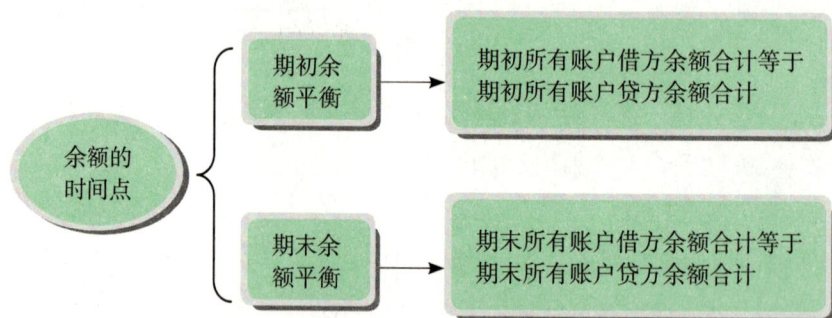

图1-7　余额试算平衡

第五节　会计凭证、会计账簿与账务处理程序

一、会计凭证

会计凭证是记录经济业务事项发生或完成情况的书面证明，也是登记会计账簿的依据。分为原始凭证和记账凭证，如图1-8所示。每个企业都必须按一定的程序填制和审核会计凭证，根据审核无误的会计凭证进行账簿登记，如实反映企业的经济业务。原始凭证和记账凭证的相关具体内容，详见表1-17和表1-18。

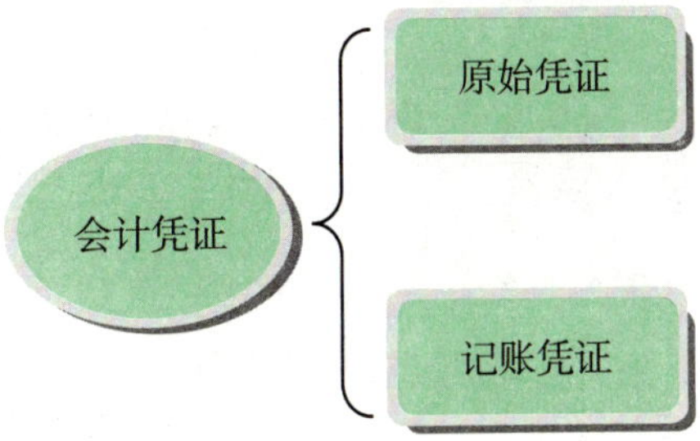

图1-8　会计凭证的分类

（一）原始凭证

表1-17　原始凭证的概念和种类

概念	又称单据，是指在经济业务发生或完成时取得或填制的，用以记录或证明经济业务的发生或完成情况的原始凭据。凡是不能证明经济业务发生或完成情况的各种单证，如购货申请单、购销合同、计划、银行对账单、银行存款余额调节表等，不能作为原始凭证。	
分类	按照取得的来源不同分类	自制原始凭证：指由本单位有关部门和人员，在执行或完成某项经济业务时填制的，仅供本单位内部使用的原始凭证，如现金收据、发货单、增值税专用（或普通）发票、差旅费报销单、产品入库单、领料单等。

（续上表）

分类	按照取得的来源不同分类	外来原始凭证：指在经济业务发生或完成时，从其他单位或个人直接取得的原始凭证，如购买原材料取得的增值税专用发票、职工出差报销的飞机票、火车票和餐饮费发票等。
	按照格式不同分类	通用凭证：指由有关部门统一印制、在一定范围内使用的具有统一格式和使用方法的原始凭证，如发票、银行转账结算凭证等。
		专用凭证：指由单位自行印制、仅在本单位内部使用的原始凭证。如领料单、差旅费报销单、折旧计算表、工资费用分配表等。
	按照填制手续和内容不同分类	一次凭证：指一次填制完成，只记录一笔经济业务且仅一次有效的原始凭证，如收据、收料单、领料单、报销凭证、发货单、银行结算凭证等。一次凭证应在经济业务发生或完成时，由相关业务人员一次填制完成。该凭证往往只能反映一项经济业务，或者同时反映若干项同一性质的经济业务。
		累计凭证：指在一定时期内多次记录发生的同类型经济业务且多次有效的原始凭证，如限额领料单。累计凭证应在每次经济业务完成后，由相关人员在同一张凭证上重复填制完成。该凭证能在一定时期内不断重复地反映同类经济业务的完成情况。
		汇总凭证：指对一定时期内反映经济业务内容相同的若干张原始凭证，按照一定标准综合填制的原始凭证，如发出材料汇总表、工资结算汇总表、差旅费报销单等。不能汇总两类或两类以上的经济业务。
基本内容		原始凭证应当具备以下基本内容（也称为原始凭证要素）：（1）凭证的名称；（2）填制凭证的日期；（3）填制凭证单位名称和填制人姓名；（4）经办人员的签名或者盖章；（5）接受凭证单位名称；（6）经济业务内容；（7）数量、单价和金额。

（续上表）

填制要求	原始凭证填制要求	1．记录真实。 2．内容完整。 3．手续完备。 （1）单位自制的原始凭证必须有经办单位领导人或指定的人员签名盖章； （2）对外开出的原始凭证必须加盖本单位公章或财务专用章； （3）从外部取得的原始凭证必须盖有填制单位的公章或财务专用章； （4）从个人取得的原始凭证必须有填制人员的签名或盖章。 4．书写清楚、规范，不得使用未经国务院公布的简化汉字。数字和货币符号的书写要符合下列要求： （1）阿拉伯数字应一个一个地写，不得写连笔字。特别在要连着写几个"0"时，也一定要单个地写，不能将几个"0"连在一起一笔写完。 （2）阿拉伯金额数字前面应当书写货币币种符号或者货币名称简写，如人民币符号为"￥"。币种符号与阿拉伯金额数字之间不得留有空白。凡阿拉伯金额数字前写有货币币种符号的，数字后面不再写货币单位。所有以"元"为单位的阿拉伯数字，除表示单价等情况外，一律填写到角、分；无角、分的，角位和分位可写"00"或者符号"—"；有角无分的，分位应当写"0"，不得用符号"—"代替。 （3）汉字大写数字金额。大写金额前未印有"人民币"字样的，应加写"人民币"三个字，"人民币"字样和大写金额之间不得留有空白。大写金额数字到元或为角止的，之后应当写"整"字或者"正"字。大写金额数字有"分"的，"分"字后面不写"整"字或者"正"字。 （4）凡填有大写和小写金额的原始凭证，大写与小写的金额必须相符。 5．编号连续：一式几联的原始凭证，必须注明各联的用途，并且只能以一联用作报销凭证，作废时应加盖"作废"戳记，连同存根一起保存。

（续上表）

填制要求	原始凭证填制要求	6．不得涂改、刮擦和挖补。 原始凭证如有错误，应当由出具单位重开或更正，更正处应当加盖出具单位印章。 原始凭证金额有错误的，应当由出具单位重开，不得在原始凭证上更正。 7．填制及时。
	自制原始凭证的填制要求	1．一次凭证的填制：应在经济业务发生或完成时，由相关业务人员一次填制完成。该凭证往往只能反映一项经济业务，或者同时反映若干项同一性质的经济业务。 2．累计凭证的填制：应在每次经济业务完成后，由相关人员在同一张凭证上重复填制完成。该凭证能在一定时期内不断重复地反映同类经济业务的完成情况。 3．汇总凭证的填制：应由相关人员在汇总一定时期内反映同类经济业务的原始凭证后填制完成。该凭证只能将类型相同的经济业务进行汇总，不能汇总两类或两类以上的经济业务。
原始凭证的审核		1．审核原始凭证的真实性，包括凭证日期是否真实、业务内容是否真实、数据是否真实等内容的审查。 2．审核原始凭证的合法性、合理性，记录经济业务是否有违反国家法律法规问题、是否符合企业生产经营活动的需要、是否符合有关的计划和预算等。 3．审核原始凭证的完整性，包括基本内容、填写有无缺陷、有关人员签章是否齐全。 4．审核原始凭证的正确性，包括开户名称是否正确、金额填写是否正确，是否有更正、更正是否正确。

（二）记账凭证

表1-18　记账凭证的概念和种类

概念	记账凭证又称记账凭单，是会计人员根据审核无误的原始凭证，对经济业务按其性质加以归类，并据以确定会计分录后所填制的会计凭证，是登记会计账簿的直接依据。	
分类	收款凭证是指用于记录现金和银行存款收款业务的记账凭证。	
	付款凭证是指用于记录现金和银行存款付款业务的记账凭证。	
	转账凭证是指用于记录不涉及现金和银行存款业务的记账凭证。	
内容	【考点提示】无单位负责人的签字、无填制单位签章。	
填制要求	记账凭证填制的基本要求	记账凭证根据审核无误的原始凭证或原始凭证汇总表填制。 1. 除结账和更正错误，记账凭证必须附有原始凭证并注明所附原始凭证的张数。所附原始凭证张数的计算，一般以原始凭证的自然张数为准。 2. 记账凭证可以根据每一张原始凭证填制，或根据若干张同类原始凭证汇总编制，也可以根据原始凭证汇总表填制。但不得将不同内容和类别的原始凭证汇总填制在一张记账凭证上。 3. 一笔经济业务需要填制两张或两张以上记账凭证的，可以采用分数编号法进行编号。 4. 记账凭证的更正： （1）填制记账凭证时若发生错误，应当重新填制。（未入账） （2）已登记入账的记账凭证错误更正，在当年内发现填写错误时，有红字和蓝字之分；发现以前年度记账凭证有错误的，应当用蓝字填制一张更正的记账凭证。 5. 记账凭证填制完成后，如有空行，应当自金额栏最后一笔金额数字下的空行处至合计数上的空行处划线注销。
	收款凭证填制	1. 收款凭证左上角的"借方科目"按收款的性质填写"库存现金"或"银行存款"。 2. 日期填写的是填制本凭证时的日期（不能早于原始单据日期）；右上角填写填制收款凭证的顺序号。 3. 该凭证右边"附件×张"是指本记账凭证所附原始凭证的张数。 4. 最下边分别由有关人员签章，以明确经济责任。

（续上表）

填制要求	付款凭证填制	1．付款凭证是根据审核无误的有关库存现金和银行存款的付款业务的原始凭证填制的。 2．在付款凭证的左上角应填列贷方科目，即"库存现金"或"银行存款"科目，"借方科目"栏应填写与"库存现金"或"银行存款"相应的一级科目和明细科目。 出纳人员在办理收款或付款业务后，应在原始凭证上加盖"收讫"或"付讫"的戳记，以免重收重付。
	转账凭证的填制	转账凭证通常是根据有关转账业务的原始凭证填制的。转账凭证中的"总账科目"和"明细账"栏应填写应借、应贷的总账科目和明细账科目。
记账凭证的审核		是否真实、齐全；科目、金额、书写是否都正确；手续是否完备。
会计凭证的保管		会计凭证的保管是指会计凭证记账后的整理、装订、归档和存查工作。 1．会计部门在依据会计凭证记账以后，应定期（每天、每旬或每月）对各种会计凭证进行分类整理，将各种记账凭证按照编号顺序，连同所附的原始凭证一起加具封面和封底，装订成册，并在装订线上加贴封签，由装订人员在装订线封签处签名或盖章。 从外单位取得的原始凭证遗失时，应取得原签发单位盖有公章的证明，并注明原始凭证的号码、金额、内容等，由经办单位会计机构负责人（会计主管人员）和单位负责人批准后，才能代作原始凭证。 2．会计凭证应加贴封条，防止抽换凭证。原始凭证不得外借，其他单位如有特殊原因确实需要使用时，经本单位会计机构负责人（会计主管人员）批准，可以复制。向外单位提供的原始凭证复制件，应在专设的登记簿上登记，并由提供人员和收取人员共同签名、盖章。 3．原始凭证较多时，可单独装订，但应在凭证封面注明所属记账凭证的日期、编号和种类，同时在所属的记账凭证上应注明"附件另订"及原始凭证的名称和编号，以便查阅。 4．每年装订成册的会计凭证，在年度终了时可暂由单位会计机构保管一年，期满后应当移交本单位档案机构统一保管；未设立档案机构的，应当在会计机构内部指定专人保管。出纳人员不得兼管会计档案。 5．严格遵守会计凭证的保管期限要求，期满前不得任意销毁。

二、会计账簿

（一）会计账簿概述

会计账簿的概念、内容、种类和登账要求等相关考点，如表1-19所示。

表1-19　会计账簿的概念和种类

概念		会计账簿是指由一定格式的账页组成的，以经过审核的会计凭证为依据，全面、系统、连续地记录各项经济业务的簿籍。设置和登记会计账簿，是重要的会计核算基础工作，是编制会计报表的基础，是连接会计凭证和会计（财务）报表的中间环节。
内容	封面	用来标明账簿的名称，如总分类账、各种明细账、日记账等。
	扉页	列明会计账簿的使用信息，如科目索引、账簿启用和经管人员一览表等。
	账页	是账簿用来记录经济业务的主要载体，包括账户的名称、种类、编号栏、摘要栏、金额栏以及总页次和分户页次等基本内容。
账簿种类	按用途分类	1．序时账簿：又称日记账，是按照经济业务发生时间的先后顺序逐日、逐笔登记的账簿。序时账簿按其记录的内容，可分为普通日记账和特种日记账。
		2．分类账簿：是按照会计要素的具体类别而设置的分类账户进行登记的账簿。账簿按其反映经济业务的详略程度，可分为总分类账簿和明细分类账簿。 （1）总分类账簿，又称总账，是根据总分类账户开设的，能够全面地反映企业的经济活动。 （2）明细分类账簿，又称明细账，是根据明细分类账户开设的，用来提供明细的核算资料。总账对所属的明细账起统驭作用，明细账对总账进行补充和说明。
		3．备查账簿：又称辅助登记簿或补充登记簿，是指对某些在序时账簿和分类账簿中未能记载或记载不全的经济业务进行补充登记的账簿，与其他账簿之间不存在严密的依存和勾稽关系，根据企业的实际需要设置，没有固定的格式要求。

（续上表）

账簿种类	按账页格式分类	1. 三栏式账簿是指设有借方、贷方和余额三个金额栏目的账簿（各种日记账、总账以及资本、债权、债务明细账）。
		2. 多栏式账簿是指在账簿的两个金额栏目（借方和贷方）按需要分设若干专栏的账簿（收入、成本、费用明细账）。
		3. 数量金额式账簿是指在账簿的借方、贷方和余额三个栏目内，每个栏目再分设数量、单价和金额三小栏，借以反映财产物资的实物数量和价值量的账簿（原材料、库存商品账）。
	按外形特征分类	订本式账簿：简称订本账，是在启用前将编有顺序页码的一定数量账页装订成册的账簿。优点：能避免账页散失和防止抽换账页；缺点：不便于记账人员分工记账。 账簿一般适用于总分类账、现金日记账、银行存款日记账。
		活页账：简称活页账，是将一定数量的账页置于活页夹内，可根据记账内容的变化而随时增加或减少部分账页的账簿。优点：记账时可根据实际需要，随时将空白账页装入账簿，或抽去不需用的账页，便于同时分工记账；缺点：账页容易散失或故意抽换账页。各种明细分类账一般采用活页账形式。
		卡片式账簿：简称卡片账，是将一定数量的卡片式账页存放于专设的卡片箱中，可以根据需要随时增添账页的账簿。在我国，企业一般只对固定资产明细账的核算采用卡片账形式。
登账要求		1. 登记会计账簿时，应当将会计凭证日期、编号、业务内容摘要、金额和其他有关资料逐项记入账内。 2. 为了保持账簿记录的持久性，防止涂改，登记账簿必须使用蓝黑墨水或者碳素墨水并用钢笔书写，不得使用圆珠笔（银行的复写账簿除外）或者铅笔书写。特殊记账使用红墨水： （1）按照红字冲账的记账凭证，冲销错误记录。 （2）在不设借贷等栏的多栏式账页中，登记减少数。 （3）在三栏式账户的余额栏前，如未印明余额方向的，在余额栏内登记负数余额。 （4）根据国家统一的会计制度的规定可以用红字登记的其他会计记录。

（续上表）

登账要求	3. 记账时，必须按账户页次逐页逐行登记，不得隔页、跳行。如果发生隔页、跳行现象，应当在空页、空行处用红色墨水画对角线注销，或者注明"此页空白""此行空白"字样，并由记账人员和会计机构负责人签名或者盖章。 4. 凡需要结出余额的账户，结出余额后，应当在"借或贷"等栏内写明"借"或者"贷"等字样，以示余额的方向；没有余额的账户，应在"借或贷"栏内写"平"字，并在"余额"栏用"0"表示。现金日记账和银行存款日记账必须逐日结出余额。 5. 每一账页登记完毕时，应当结出本页发生额合计及余额，在该账页最末一行"摘要"栏注明"转次页"或"过次页"，并将这一金额记入下一页第一行有关金额栏内，在该行"摘要"栏内注明"承前页"，以保持账簿记录的连续性，便于对账和结账。对需要结计本月发生额的账户，结计"过次页"的本页合计数应当为自本月初起至本页末止的发生额合计数。 6. 不得涂改、刮擦、挖补。

（二）会计账簿的格式和登记方法

会计账簿的格式和登记方式，如表1-20所示。

表1-20 会计账簿的格式和登记方法

库存现金日记账的格式和登记方法	三栏式	由出纳人员根据库存现金收款凭证、库存现金付款凭证以及银行存款的付款凭证，按照库存现金收、付款业务和银行存款付款业务发生时间的先后顺序逐日逐笔登记。
	多栏式	多栏式库存现金日记账是在三栏式库存现金日记账基础上发展起来的。这种日记账的借方（收入）和贷方（支出）金额栏都按对方科目设专栏，也就是按收入的来源和支出的用途设专栏。 【提示】不管三栏式还是多栏式日记账，必须采用订本账。
银行存款日记账的格式和登记方法		银行存款日记账是用来核算和监督银行存款每日的收入支出和结余情况的账簿。银行存款日记账应按照企业在银行开立的账户和币种分别设置，每个银行账户设置一本日记账。具体登记方式和库存现金日记账相同。

（续上表）

总分类账的格式和登记方法	1．每一企业都必须设置总分类账。总分类账必须采用订本式账簿。 2．总分类账最常用的格式为三栏式，设置借方、贷方和余额三个基本金额栏目。 3．经济业务少的小型单位的总分类账可以根据记账凭证逐笔登记。 4．经济业务多的大中型单位的总分类账可以根据记账凭证汇总表（又称科目汇总表）或汇总记账凭证等定期登记。
明细分类账的格式和登记方法	明细分类账一般采用活页式账簿、卡片式账簿。明细分类账一般根据记账凭证和相应的原始凭证来登记。 1．格式有三栏式、多栏式、数量金额式等。 2．登记方法有： （1）固定资产、债权、债务等明细账应逐日逐笔登记； （2）材料、库存商品收发明细账以及收入、费用明细账可以逐笔登记，也可定期汇总登记。
总分类账户和明细分类账户的平行登记	平行登记是指对所发生的每项经济业务都要以会计凭证为依据，一方面记入有关总分类账户，另一方面记入所属明细分类账户的方法。（依据相同） （1）方向相同； （2）期间一致（不是时间相同）； （3）金额相等。

（三）对账与结账

对账与结账的概念和内容，如表1-21所示。

表1-21　对账与结账的概念和内容

对账	账证核对	账簿是根据经过审核之后的会计凭证登记的，但实际工作中仍有可能发生账证不符的情况，记账后，应将账簿记录与会计凭证核对，核对账簿记录与原始凭证、记账凭证的时间、凭证字号、内容、金额等是否一致，记账方向是否相符，做到账证相符。

（续上表）

对账	账账核对	账账核对是指核对不同会计账簿之间的账簿记录是否相符。具体内容如下： 1．总分类账簿之间的核对（全部账户本期发生额、期初余额、期末余额）。 2．总分类账簿与所属明细分类账簿核对。 3．总分类账簿与序时账簿核对。 4．明细分类账簿之间的核对。
	账实核对	账实核对是指各项财产物资、债权债务等账面余额与实有数额之间的核对。具体内容如下： 1．库存现金日记账账面余额与库存现金实际库存数逐日核对是否相符。 2．银行存款日记账账面余额与银行对账单的余额定期核对是否相符。 3．各项财产物资明细账账面余额与财产物资的实有数额定期核对是否相符。 4．有关债权债务明细账账面余额与对方单位的账面记录核对是否相符等。
结账		结账是一项将账簿记录定期结算清楚的账务工作。在一定时期结束时（如月末、季末或年末），为了编制财务报表，需要进行结账，具体包括月结、季结和年结。结账的内容通常包括两个方面：一是结清各种损益类账户，并据以计算确定本期利润；二是结出各资产、负债和所有者权益账户的本期发生额合计和期末余额。 1．对不需按月结计本期发生额的账户，每次记账以后，都要随时结出余额，每月最后一笔余额是月末余额，月末结账时，只需要在最后一笔经济业务记录之下通栏划单红线，不需要再次结计余额。 2．库存现金、银行存款日记账和需要按月结计发生额的收入、费用等明细账，每月结账时，要在最后一笔经济业务记录下面通栏划单红线，结出本月发生额和余额，在摘要栏内注明"本月合计"字样，并在下面通栏划单红线。 3．对于需要结计本年累计发生额的明细账户，每月结账时，应在"本月合计"行下结出自年初起至本月末止的累计发生额，登记在月份发生额下面，在摘要栏内注明"本年累计"字样，并在下面通栏划单红线。

（续上表）

结账	4. 总账账户平时只需结出月末余额。年终结账时，为了总括地反映全年各项资金运动情况的全貌，核对账目，要将所有总账账户结出全年发生额和年末余额，在摘要栏内注明"本年合计"字样，并在合计数下通栏划双红线。 5. 年度终了结账时，有余额的账户，应将其余额结转下年，并在摘要栏注明"结转下年"字样；在下一会计年度新建有关账户的第一行余额栏内填写上年结转的余额，并在摘要栏注明"上年结转"字样，使年末有余额账户的余额如实地在账户中加以反映，以免混淆有余额的账户和无余额的账户。

（四）错账更正方法

错账更正的方法，如表1-22所示。

表1-22　错账更正方法

划线更正法（凭证没错、账簿有错）	在结账前发现账簿记录有文字或数字错误，而记账凭证没有错误，采用划线更正法。更正时，应在错误的文字或数字上面划一条红线注销，但必须使原有的笔迹仍可辨认清楚。然后在上方空白处用蓝字填写正确的文字和数字，并在更正处盖记账人员、会计机构负责人（会计主管人员）名章，以明确责任。（多位数字错误，全位注销）
红字更正法（凭证有错）	红字更正法，适用于以下两种情形： 1. 记账后发现记账凭证中的应借、应贷会计科目有错误所引起的记账错误。更正时，应先用红字填写一张与错误的记账凭证内容相同的红字记账凭证，然后据此用红字记入账内，并在摘要栏注明"冲销X月X日X号凭证错账"以示注销。 2. 记账后发现记账凭证和账簿记录中应借、应贷会计科目无误，只是所记金额大于应记金额所引起的记账错误。更正时，按多记金额用红字编制一张与原记账凭证应借、应贷科目完全相同的记账凭证，然后据此用红字记入账内，在摘要栏注明"冲销X月X日X号凭证多记金额"。
补充登记法（凭证有错）	记账后发现记账凭证和账簿记录中应借、应贷会计科目无误，只是所记金额小于应记金额时，采用补充登记法。更正时，将少记金额用蓝字编制一张与原记账凭证应借、应贷科目完全相同的记账凭证，然后用蓝字记入账内，并在摘要栏注明："补记X月X日X号凭证少记金额"。

三、账务处理程序概述

账务处理程序，又称会计核算组织程序或会计核算形式，是指会计凭证、会计账簿、财务报表相结合的方式，包括账簿组织和记账程序。包括：记账凭证账务处理程序；汇总记账凭证账务处理程序；科目汇总表账务处理程序。最基本的账务处理程序——记账凭证账务处理程序，是其他账务处理程序的基础。各类账务处理程序的流程、编制方法、适用范围及优缺点的对比，如表1-23所示。

表1-23　账务处理程序概述

记账凭证账务处理程序	流程	对发生的经济业务，先根据原始凭证或汇总原始凭证填制记账凭证，再直接根据记账凭证登记总分类账的一种账务处理程序。 （1）根据原始凭证编制汇总原始凭证。 （2）根据原始凭证或汇总原始凭证，编制收款凭证、付款凭证和转账凭证，也可以编制通用的记账凭证。 （3）根据收款凭证和付款凭证，逐笔登记现金日记账和银行存款日记账。 （4）根据原始凭证、汇总原始凭证和记账凭证，登记各种明细分类账。 （5）根据记账凭证逐笔登记总分类账。 （6）期末，按照对账的要求将现金日记账、银行存款日记账的余额，以及各种明细分类账余额合计数，分别与总分类账中有关科目的余额核对相符。 （7）期末，根据核对无误的总分类账和明细分类账的记录，编制会计报表。
	优缺点	优点：（1）记账凭证账务处理程序简单明了，易于理解； （2）总分类账较详细地记录和反映经济业务的发生情况。 缺点：登记总分类账的工作量较大。
适用范围		适用于规模较小、经济业务量较少的单位。

（续上表）

汇总记账凭证账务处理程序	流程	先根据原始凭证或汇总原始凭证填制记账凭证，定期根据记账凭证分类编制汇总收款凭证、汇总付款凭证和汇总转账凭证，再根据汇总记账凭证登记总分类账的一种账务处理程序。 （1）根据一定时期内的全部记账凭证，汇总编制汇总收款凭证、汇总付款凭证和汇总转账凭证。 （2）根据定期编制的汇总收款凭证、汇总付款凭证和汇总转账凭证，登记总分类账。
	汇总凭证的编制方法	（1）汇总收款凭证根据"库存现金"和"银行存款"账户的借方进行编制，在对各账户对应的贷方分类之后，进行汇总编制。 （2）汇总付款凭证根据"库存现金"和"银行存款"账户的贷方进行编制。汇总付款凭证是在对各账户对应的借方分类之后，进行汇总编制。 总分类账根据各汇总付款凭证的合计数进行登记，分别记入"库存现金""银行存款"总分类账户的贷方，并将汇总付款凭证上各账户借方的合计数分别记入有关总分类账户的借方。 （3）汇总转账凭证通常根据所设置账户的贷方进行编制。汇总转账凭证是在对所设置账户相对应的借方账户分类之后，进行汇总编制。在编制的过程中贷方账户必须唯一，借方账户可一个或多个，即转账凭证必须一借一贷或多借一贷。 总分类账根据各汇总转账凭证的合计数进行登记，分别记入对应账户的总分类账的贷方，并将汇总转账凭证上各账户借方的合计数分别记入有关总分类账户的借方。
	优缺点	优点： （1）记账凭证通过汇总记账凭证汇总后于月末时一次登记总分类账，减少了登记总分类账的工作量。 （2）汇总记账凭证是根据一定时期内全部记账凭证，按照科目对应关系进行归类、汇总编制的，可以清晰反映科目之间的对应关系。 （3）便于查对和分析账目。 缺点：当转账凭证较多时，编制汇总转账凭证的工作量较大，并且按每一贷方账户编制汇总转账凭证，不利于会计核算的日常分工。

（续上表）

适用范围		适用于经营规模大、经济业务较多的单位。
科目汇总表账务处理程序	流程	指根据记账凭证定期编制科目汇总表，再根据科目汇总表登记总分类账的一种账务处理程序。 （1）根据记账凭证，定期编制科目汇总表。 （2）根据定期编制的科目汇总表，登记总分类账。
	编制方法	科目汇总表只反映各个会计科目的借方本期发生额和贷方本期发生额，不反映各个会计科目的对应关系。
	优缺点	优点：减轻了登记总分类账的工作量，易于理解，方便学习，并可做到试算平衡。 缺点：科目汇总表不能反映各个账户之间的对应关系，不利于对账目进行检查。
适用范围		适用于经济业务较多的单位。

第六节 财产清查

一、财产清查的概述

财产清查是指通过对货币资金、实物资产和往来款项等财产物资进行盘点或核对，确定其实存数，查明账存数与实存数是否相符的一种专门方法。目的：查明账实是否相符。财产清查的分类及内容详见表1-24。

表1-24 财产清查的分类及内容

按照财产清查的范围不同	全面清查	对所有的财产进行全面的盘点和核对。 1. 全面清查的对象 （1）固定资产、材料、在产品、半成品、产成品、库存商品、在建工程和其他物资。（实物资产） （2）现金、银行存款及各种有价证券。（货币资金） （3）在途货币资金、在途材料、在途商品、委托加工物资。（在途货币资金、在途实物资产） （4）各项往来款项、银行借款、缴拨款项和其他结算账项。（往来款项） 2. 全面清查的情况 （1）年终决算之前，为确保年终决算会计信息的真实和准确。 （2）单位合并、撤销、改变原来隶属关系或中外合资、国内联营以及股份制改制时。 （3）开展全面资产评估、清产核资等活动时。 （4）单位主要负责人调离工作前。 （5）中外合资、国内合资前。 （6）股份制改造前。
	局部清查	根据需要只对部分财产进行盘点和核对。 （1）现金每日终了应由出纳人员自行盘点。 （2）银行存款每月至少要同银行核对一次。

（续上表）

按照财产清查的范围不同	局部清查	（3）存货年内轮流盘点或重点抽查，各种贵重物资每月都应清查盘点一次。 （4）债权债务每年至少要核对一至二次。
按财产清查的时间不同	定期清查	按照预先计划安排的时间对财产进行的盘点和核对。定期清查一般在年末、季末、月末进行。定期清查可以是全面清查，也可以是局部清查。
	不定期清查	指事前不规定清查日期，而是根据特殊需要临时进行的盘点和核对。不定期清查可以是全面清查，也可以是局部清查，应根据实际需要来确定清查的对象和范围。 不定期清查的情况： （1）更换财产物资保管人员和现金出纳人员。 （2）发生自然灾害和意外损失时。 （3）进行临时性的清产核资。 （4）财政、税务、银行以及审计等部门，对本单位进行临时检查。
按照清查的执行系统分类	内部清查	内部清查是指由本单位内部自行组织清查工作小组所进行的财产清查工作。大多数财产清查都是内部清查。
	外部清查	外部清查是指由上级主管部门、审计机关、司法部门、注册会计师根据国家有关规定或情况需要对本单位所进行的财产清查。一般来讲，进行外部清查时应有本单位相关人员参加。

二、财产清查的方法与处理

（一）财产清查的方法

财产清查的方法如表1-25所示。

表1-25　财产清查的方法

货币资金的清查方法	库存现金的清查	库存现金的清查是采用实地盘点法确定库存现金的实存数，然后与库存现金日记账的账面余额相核对，确定账实是否相符。对库存现金进行盘点时，出纳人员必须在场。盘点时：（1）要注意账实是否相符。（2）要检查现金管理制度的遵守情况，如库存现金有无超过其限额，有无白条抵库、挪用舞弊等情况。（3）盘点结束后，应填制"库存现金盘点报告表"，作为重要原始凭证。

（续上表）

货币资金的清查方法	银行存款的清查	采用与开户银行核对账目的方法进行的，即将本单位银行存款日记账的账簿记录与开户银行转来的对账单逐笔进行核对，来查明银行存款的实有数额。银行存款的清查一般在月末进行。 清查步骤： （1）将本单位银行存款日记账与银行对账单，以结算凭证的种类、号码和金额为依据，逐日逐笔核对。凡双方都有记录的，用铅笔在金额旁打上记号"√"。 （2）找出未达账项（即银行存款日记账和银行对账单中没有打"√"的款项）。 （3）将日记账和对账单的月末余额及找出的未达账项填入"银行存款余额调节表"，并计算出调整后的余额。 以双方账面余额为基础，各自分别加上自己未收款、人家已记账的金额；以及减去自己未付款，人家已入账的数额。
实物资产清查方法	实地盘点法	在财产物资存放现场，逐一清点数量或用计量仪器确定其实存数量的一种方法。 如实准确地登记"盘存单"，并由盘点人员和实物保管人员共同签字或盖章方能生效。"盘存单"是记录实物盘点后财产物资实存数，是反映盘点结果的书面证明文件。 调整账簿记录的原始凭证："实存账存对比表"是调整账簿记录的原始凭证，"盘存单"不是调整账簿记录的原始凭证。
	技术推算法	即对那些大量成堆，难以逐一点清的物品，按照一定的标准或数学方法推算出实物资产实存数量的一种方法。
往来款项的清查方法		往来款项主要包括应收、应付款项和预收、预付款项等。往来款项的清查一般采用发函询证的方法进行核对。 往来款项清查以后，将清查结果编制"往来款项清查报告单"，填列各项债权、债务的余额。对于有争执的款项以及无法收回的款项，应在报告单上详细列明情况，以便及时采取措施进行处理，避免或减少坏账损失。 【提示】委托加工物资、在途物资也采取发函询证的方法。

（二）财产清查结果的处理

财产清查结果的处理如表1-26所示。

表1-26　财产清查结果的处理

审批之前的处理	根据"清查结果报告表""盘点报告表"等已经查实的数据资料，填制记账凭证，记入有关账簿，使账簿记录与实际盘存数相符，同时根据权限，将处理建议报股东大会或董事会，或经理（厂长）会议或类似机构批准。
审批之后的处理	企业清查的各种财产的损溢，应于期末前查明原因，并根据企业的管理权限，经股东大会或董事会，或经理（厂长）会议或类似机构批准后，在期末结账前处理完毕。企业清查的各种财产的损溢，如果在期末结账前尚未经批准，在对外提供财务报表时，先按上述规定进行处理，并在附注中作出说明；其后批准处理的金额与已处理金额不一致的，调整财务报表相关项目的年初数。

第七节　财务报告

一、财务报告及其目标

财务报告，是指企业对外提供的反映企业某一特定日期的财务状况和某一会计期间的经营成果、现金流量等会计信息的文件。财务报告包括财务报表和其他应当在财务报告中披露的相关信息和资料。

二、财务报表的的组成

财务报表是对企业财务状况、经营成果和现金流量的结构性表述。

财务报表至少应当包括下列组成部分（四表一注）：

1．资产负债表；

2．利润表；

3．现金流量表；

4．所有者权益变动表；

5．附注。

财务报表上述组成部分具有同等的重要程度。

第二章 资 产

第一节 货币资金

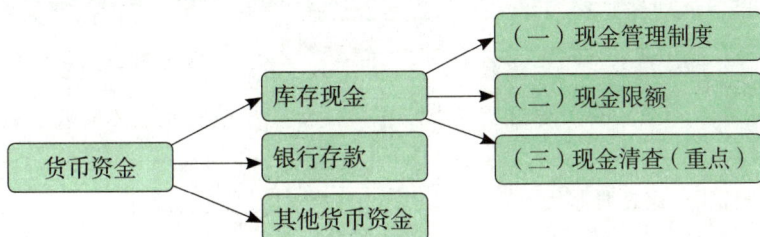

```
                              ┌──────────────────────┐
                        ┌────▶│（一）现金管理制度      │
                        │     └──────────────────────┘
              ┌───────┐ │     ┌──────────────────────┐
         ┌───▶│库存现金│─┼────▶│（二）现金限额          │
         │    └───────┘ │     └──────────────────────┘
┌──────┐ │    ┌───────┐ │     ┌──────────────────────┐
│货币资金│─┼───▶│银行存款│  └──▶│（三）现金清查（重点）  │
└──────┘ │    └───────┘       └──────────────────────┘
         │    ┌──────────┐
         └───▶│其他货币资金│
              └──────────┘
```

图2-1　货币资金的分类

((o)) 提示

> 企业各部门周转使用的备用金，不通过"库存现金"科目核算。

一、库存现金

（一）现金管理制度

企业日常经营性小额支付包括工资、津贴，个人劳务报酬，个人的各种奖励，各种劳保、福利费等个人费用，向个人收购农副产品和其他物质，出差人员差旅费，小额（1000元）以下的零星支出。

1. 结算起点1000元的限定：只有向个人收购农副产品和差旅费不受限制。

2. 现金限额一般按照单位3到5天日常零星开支所需确定，交通不便地区可按多于

5天、但不得超过15天的日常零星开支的需要确定。（三五十五）

（二）现金的账务处理

企业应当设置"库存现金"科目，企业内部各部门周转使用的备用金，可以单独设置"备用金"科目核算。月度终了，现金日记账的余额应当与现金总账的余额核对，做到账账相符。

((·)) 提示

现金收支不得从本单位的现金收入中直接支付，即不得"坐支"现金。

（三）现金清查——实地盘点法

表2-1　现金清查的内容

现金盘点	盘盈	盘亏
批准前	借：现金（溢余金额） 　　贷：待处理财产损溢	借：待处理财产损溢 　　贷：现金（短缺金额）
批准后	1．能查明原因 借：待处理财产损溢 　　贷：其他应付款 2．查不明原因 借：待处理财产损溢 　　贷：营业外收入（盈业外）	1．能查明原因 借：其他应收款 　　贷：待处理财产损溢 2．查不明原因 借：管理费用（亏赖管） 　　贷：待处理财产损溢

二、银行存款

（一）银行存款的概念

银行存款是指企业存放在银行或其他金融机构的货币资金。银行存款至少每月核对一次，如"企业银行存款账面余额"与"银行对账单"存在差异，应编制"银行存款余额调节表"。

（二）银行存款的核对

1．企业已收款入账，银行尚未收款入账——企业大于银行；

2. 企业已付款入账，银行尚未付款入账——企业小于银行；

3. 银行已收款入账，企业尚未收款入账——银行大于企业；

4. 银行已付款入账，企业尚未付款入账——银行小于企业。

调整口诀： 站在企业和银行两个不同的主体，加自己漏加的，减自己漏减的。

提示

1. 银行存款余额调节表只作为会计人员核对账目的工具，不能作为调整银行存款或企业账目的依据。

2. 调整后的银行存款余额是企业真实可动用的资金额。

三、其他货币资金

其他货币资金的内容介绍如表2-2所示。

表2-2　其他货币资金的内容

概念	其他货币资金是指企业除现金、银行存款以外的其他各种货币资金。
分类	其他货币资金主要包括： 1. 银行汇票存款； 2. 银行本票存款； 3. 信用卡存款； 4. 信用证保证金存款； 5. 存出投资款； 6. 外埠存款。 记忆方法：两票：银行汇票存款、银行本票存款（2211） 　　　　　两信：信用卡存款、信用证保证金存款 　　　　　一外：外埠存款 　　　　　一存：存出投资款
其他货币资金的账务处理	借方登记其他货币资金增加，贷方登记其他货币资金的减少，期末余额在借方，反映企业实际持有的其他货币资金的金额。"其他货币资金"科目应当按照其他货币资金的种类设置明细科目进行核算。

四、其他货币资金的核算

（一）银行汇票存款的核算

1. 银行汇票的概念

银行汇票是指出票银行签发的，由其在见票时按照实际结算金额无条件支付给收款人或者持票人的票据。

2. 出票及用途

（1）出票银行：银行汇票的付款人。

（2）用途：银行汇票可以用于转账，填明"现金"字样的银行汇票也可以用于支取现金。

（3）银行汇票的提示付款期限为自出票日起一个月。

3. 银行汇票存款的账务处理

（1）将"银行汇票申请书"交存银行时：

借：其他货币资金——银行汇票

　　贷：银行存款

（2）用银行汇票购买货物等时：

借：材料采购（原材料／库存商品）

　　应交税费——应交增值税（进项税额）

　　贷：其他货币资金——银行汇票

（3）将剩余款项送存银行时：

借：银行存款

　　贷：其他货币资金——银行汇票

（二）银行本票存款的核算

1. 银行本票的概念

银行本票是指银行签发的，承诺自己在见票时无条件支付确定的金额给收款人或持票人的票据。

2. 用途

单位和个人在同一票据交换区域需要支付的各种款项，均可使用银行汇票。可以用于转账，注明"现金"字样的银行本票可以用于支取现金。

银行本票＝＞（1）不定额本票；

（2）定额本票。

银行本票的提示付款期限自出票日起最长不得超过两个月。

3．银行本票存款的账务处理

（1）将"银行本票申请书"交存银行时：

借： 其他货币资金——银行本票

    贷： 银行存款

（2）用银行汇票购买货物等时：

借： 材料采购（原材料／库存商品）

    应交税费——应交增值税（进项税额）

    贷： 其他货币资金——银行本票

（3）将剩余款项送存银行时：

借： 银行存款

    贷： 其他货币资金——银行本票

（三）信用卡存款的核算

1．信用卡存款的概念

信用卡存款是指企业为取得信用卡而存入银行信用卡专户的款项。信用卡是银行卡的一种。

2．用途

凡在中国金融机构开立基本存款账户的单位可申领单位卡。单位卡账户的资金一律从其基本存款账户转账存入，不得交存现金，不得将销货收入的款项存入其账户。持卡人可持信用卡在特约单位购物、消费，但单位卡不得用于10万元以上的商品交易、劳务供应款项的结算，不得支取现金。

3．信用卡存款的账务处理

（1）将款项送存银行时：

借： 其他货币资金——信用卡

    贷： 银行存款

（2）支付有关费用时：

借： 管理费用（等）

    贷： 其他货币资金——信用卡

（四）信用证保证金存款的核算

1. 信用证保证金存款的概念

信用证保证金存款是指采用信用证结算方式的企业为开具信用证而存入银行信用证保证金专户的款项。

2. 信用证保证金存款的账务处理

（1）将"信用证申请书"交存银行时：

借：其他货币资金——信用证保证金

　　贷：银行存款

（2）用信用证保证金购买货物等时：

借：材料采购（原材料／库存商品）

　　应交税费——应交增值税（进项税额）

　　贷：其他货币资金——信用证保证金

（3）将剩余款项送存银行时：

借：银行存款

　　贷：其他货币资金——信用证保证金

（五）存出投资款的核算

1. 存出投资款的概念

存出投资款是指企业为购买股票、债券、基金等根据有关规定存入在证券公司指定银行开立的投资款专户的款项。

2. 存出投资款的账务处理

（1）实际划出金额时：

借：其他货币资金——存出投资款

　　贷：银行存款

（2）购买股票等时：

借：交易性金融资产

　　贷：其他货币资金——存出投资款

（六）外埠存款的核算

1. 外埠存款的概念

外埠存款是指企业为了到外地进行临时或零星采购，而汇往采购地银行开立采购专户的款项。

2. 用途

外埠存款不计利息、只付不收、付完清户,除了采购人员可从中提取少量现金外,一律采用转账结算。

3. 外埠存款的账务处理

(1)将款项存入账户时:

借:其他货币资金——外埠存款

　　贷:银行存款

(2)用外埠存款购买货物等时:

借:材料采购(原材料/库存商品)

　　应交税费——应交增值税(进项税额)

　　贷:其他货币资金——外埠存款

(3)将剩余款项送存银行时:

借:银行存款

　　贷:其他货币资金——外埠存款

第二节　应收及预付款项

一、应收票据

（一）应收票据的概念

应收票据是指企业因销售商品、提供劳务等而收到的商业汇票。商业汇票是一种由出票人签发的，委托付款人在指定日期无条件支付确定金额给收款人或者持票人的远期票据。

（二）应收票据的账务处理

1. 取得应收票据根据所取得票据的面值入账（收欠款）：

借：应收票据

　　贷：应收账款

2. 到期收回应收票据：

借：银行存款

　　贷：应收票据

3. 应收票据背书转让：

借：相关科目（背书转让所获对价）

　　贷：应收票据

4. 应收票据贴现：

借：银行存款（贴现实收的金额）

　　财务费用（贴现费用，考试已知）

　　贷：应收票据（票据面值）

提示

1. 商业汇票的付款期限，最长不得超过6个月；电子商业汇票的最长付款期限1年。

2. 根据承兑人不同，商业汇票分为商业承兑汇票和银行承兑汇票。

3. 注意与银行汇票的区别：银行汇票及其票据通过其他货币资金等科目核算。

二、应收账款

（一）应收账款的概念

应收账款是指企业因销售商品、提供劳务等经济活动，应向购货单位或接受劳务单位收取的款项，主要包括企业销售商品或提供劳务等应向有关债务人收取的价款、销项税额、代购货单位垫付的包装费、运杂费。

（二）应收账款的账务处理

1. 取得时：

借：应收账款（售价+销项税）

　　贷：主营业务收入

　　　　应交税费——应交增值税（销项税额）

2. 收回时：

借：银行存款

　　贷：应收账款

3. 坏账时：

当期计提坏账＝（期末应收账款账面余额－未来现金流量现值）－期初坏账准备的余额＋当期发生坏账－当期收回的坏账

期末有减值情况下，套用上公式。

提示

1. 代客户垫付的运杂费、包装费属于应收账款的范围，不属于企业的收入。包装费为含税金额。

2. 销售商品时存在商业折扣，按照销售商品扣除折扣后的金额计入应收账款，销售商品时存在现金折扣，现金折扣不影响应收账款的入账金额。

三、预付账款

（一）预付账款的概念

预付账款是指企业按照合同规定预付的款项。预付款项情况不多的企业，可以不设置"预付账款"科目，而直接通过"应付账款"科目核算（付账款是负债，预付就是资产，借方表示，不设置预付账款的企业，用"应付账款"借方表示）。

（二）预付账款的账务处理

1. 企业根据购货合同的规定向供应单位预付款项时：

借：预付账款

　　贷：银行存款

2. 企业收货时，按购买金额：

借：材料采购／原材料／库存商品

　　应交税费——应交增值税（进项税额）

　　贷：预付账款

易考点

　　1. 当预付价款小于采购货物所需支付的款项时，应将不足部分补付（与实务操作不同，考试注意）：

　　借：预付账款

　　　　贷：银行存款

　　2. 当预付价款大于采购货物所需支付的款项时，对收回的多余款项：

　　借：银行存款

　　　　贷：预付账款

四、应收股利和应收利息

（一）应收股利

1. 应收股利的概念

应收股利是指企业应收取的现金股利和应收取的其他单位分配的利润。企业在持有以公允价值计量且其变动计入当期损益的金融资产期间，被投资单位宣布发放现金股利时，投资方按照应享有的份额确认为当期投资收益。

2．应收股利的账务处理

（1）被投资方宣布分配现金股利时：

借：应收股利（按持股比例确认）

贷：投资收益

（2）长期股权投资权益法核算，被投资单位实现净利润时：

借：应收股利

贷：长期股权投资——损益调整

【**2018年新改革点**】购买金融类资产（交易性金融资产、可供、持有至到期、长投）的价款中，包含已宣布但尚未发放的现金股利和已到期但尚未领取的利息时，不再单独确认为应收股利和利息，而是直接计入购买资产的初始投资成本中。

（3）长期股权投资成本法核算，被投资单位实现净利润时：

借：应收股利

贷：投资收益

（二）应收利息

1．应收利息的概念

应收利息是指企业根据合同或协议规定向债务人收取的利息。

2．应收利息的账务处理

企业在期末计提利息时：

借：应收利息（面值×票面利率）

贷：投资收益（摊余成本×实际利率）

五、其他应收款

（一）其他应收款概述

其他应收款是指企业除应收票据、应收账款、预付账款、应收股利、应收利息以外的其他各种应收及暂付款项。其主要内容包括：

1．应收的出租包装物租金。

2．存出保证金，如租入包装物支付的押金。

3．应收的各种赔款、罚款，如因企业财产等遭受意外损失而应向有关保险公司收取的赔款等；

4．应收为职工垫付的款项，如为职工垫付的水电费、应由职工负担的医药费、房租费等；

5．其他各种应收、暂付款项。

((•)) 记忆

其他应收款内容：两金两收一其他（两金是应收的租金、支付的押金；两收是应收赔款、应收垫付款）。注意：为客户的垫付款计入"应收账款"科目。

（二）其他应收款的账务处理

1．应收的各种赔款、罚款，如因企业财产等遭受意外损失而应向有关保险公司收取的赔款等（现金盘亏）：

借：其他应收款

　　贷：待处理财产损溢

2．应向职工收取的各种垫付款项，如为职工垫付应由职工负担的医药费、房租费等：

借：其他应收款

　　贷：银行存款

3．应收的出租包装物租金：

借：其他应收款

　　贷：其他业务收入

4．存出保证金——支付的押金：

借：其他应收款

　　贷：银行存款

六、应收款项减值概述

企业应当在资产负债表日对应收款项的账面价值进行检查，有客观证据表明应收款项发生减值的，应当将该应收款项的账面价值减记至预计未来现金流量现值，减记的金额确认减值损失，应收款项减值有两种核算方法，即直接转销法和备抵法。

1．直接转销法

采用直接转销法时，日常核算中应收款项可能发生的坏账损失不予考虑，只有在实际发生坏账时，才作为坏账损失计入当期损益，同时直接冲减应收款项。分录为：

　　借：资产减值损失

　　　　贷：应收账款

((ο)) 提示

　　直接转销法是税法中的思维，简单直接，不符合会计的权责发生制原则和资产的定义。发生坏账时直接冲减当期损益会导致资产和损益的会计信息不实，不符合财报的要求，所以企业会计准则不允许采用直接转销法。

2. 备抵法

采用备抵法时，应收款项减值的核算如表2-3所示。

表2-3　采用备抵法进行应收款项减值核算

初次计提	借：资产减值损失 　　贷：坏账准备
发生坏账	借：坏账准备 　　贷：应收账款
发生坏账又收回	借：应收账款 　　贷：坏账准备 借：银行存款 　　贷：应收账款
再次计提应提＝应有－已提	（1）补提： 借：资产减值损失 　　贷：坏账准备 （2）冲减： 借：坏账准备 　　贷：资产减值损失

((ο)) 提示

　　该项业务处理对应收款项的影响是：减少应收款项账面价值。

第三节 交易性金融资产

一、交易性金融资产的概念

交易性金融资产主要是企业为了近期内出售而持有的金融资产，例如，企业以赚取差价为目的从二级市场购入的股票、债券、基金等。

二、交易性金融资产的账务处理（2018年修改）

（一）交易性金融资产的取得

借：交易性金融资产——成本（取得时的公允价值，含已宣告但尚未发放的现金股利／已到付款期但尚未领取的债券利息）

    投资收益（取得时所发生的相关交易费用）

    应交税费——应交增值税（进项税额）（支付交易费收到的增值税专用发票的税额）

    贷：其他货币资金——存出投资款

((•)) 提示

    购买价款中包括已宣布但尚未发放的股利和已经到期尚未支付的利息，不再单独核算，而是计入到所购资产的成本之中。

（二）持有交易性金融资产——公允价值

1. 企业持有期间被投资单位宣告现金股利或在资产负债表日按分期付息、一次还本债券投资的票面利率计算的利息收入，应做会计分录为：

借：应收股利／应收利息

    贷：投资收益

收到现金股利或债券利息时：

借：其他货币资金

    贷：应收股利／应收利息

2．资产负债表日按照公允价值计量，公允价值与账面余额之间的差额计入当期损益。

（1）股价或债券价格上涨时：

借： 交易性金融资产——公允价值变动

　　贷： 公允价值变动损益

（2）股价或债券价格下跌时：

借： 公允价值变动损益

　　贷： 交易性金融资产——公允价值变动

（三）出售交易性金融资产（2018年新增内容）

第一步：确认售价与前一次价格的差额记入"投资收益"。

借： 其他货币资金等

　　贷： 交易性金融资产——成本

　　　　　　　　——公允价值变动（或借方）

投资收益（卖价减买价的差额——影响损益的金额）

第二步：处置资产把持有期间的价格波动影响的小尾巴割掉。

借： 公允价值变动损益

　　贷： 投资收益（或相反分录）

第三步：1．处置金融资产的投资收益作为含税销售额缴纳金融服务的增值税时：

借： 投资收益（投资收益净额÷（1＋6%）×6%）

　　贷： 应交税费——转让金融商品应交增值税

2．如果处置金融资产亏损，预计下期通过其他金融资产的处置可以弥补回亏损时：

借： 应交税费——转让金融商品应交增值税

　　贷： 投资收益（投资收益净额÷（1＋6%）×6%）

3．如果年度末，处置金融资产的亏损，还没有被弥补回来，不能将该金融资产的损失结转到下一年度。

借： 投资收益（当年处置金融资产净损失的余额）

　　贷： 应交税费——转让金融商品应交增值税

注意

年末，如果"应交税费——转让金融商品应交增值税"科目的借方有余额，说明本年度的金融商品转让损失没有弥补回来，必须在年度末冲抵回来，冲抵后"应交税费——转让金融商品应交增值税"科目年度末无余额。

提示

所谓的小尾巴实际就是把我们中国人炒股中俗称的浮盈或浮亏，在获利了结时确认为真正的盈亏，之后缴税做文明中国人。

总结

1. 作为四大金刚之一的交易性金融资产，因为是短期就考虑获利了结的资产，所以不存在减值问题。

2. 考试流行款式处置时影响投资收益的金额为：卖价－买价。

3. 处置时影响当期损益的金额为：卖价－卖时的账面价－转让金融商品的增值税后的净额。

4. 计算持有期间影响投资收益的金额：用现金流的思维，全部的现金流入－现金流出，关键点就是不要忘了计算取得时计入投资收益的手续费、取得时包含的已宣布尚未发放的股利或已到期尚未领取的利息以及持有期间计入投资收益的股利和利息。

5. 计算持有期间影响损益的金额：只是概念不同而已，实则和4的结果是一样的，因为金融资产在处置后所有的收益都确认为了损益。

第四节 存 货

一、存货的概述

（一）存货的内容

存货是指企业在日常活动中持有以备出售的产品或商品、处在生产过程中的在产品、在生产过程或提供劳务过程中耗用的材料和物料等，包括各类材料、在产品、半成品、产成品、库存商品以及包装物、低值易耗品、委托加工物资等。

注意

工程物资、在建工程不属于存货的内容。受托加工和受托代销的商品不属于受托企业的存货。

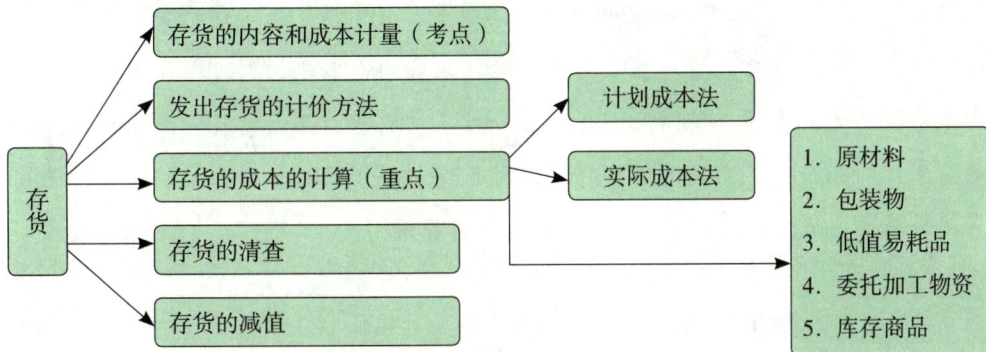

图2-2 存货的概念和核算

（二）存货的成本的确定

1. 存货增加的情形：外购的存货、投资者投入的存货、委托加工的存货、重组的存货、换入的存货。

2. 存货成本的确定如图2-3和图2-4所示。

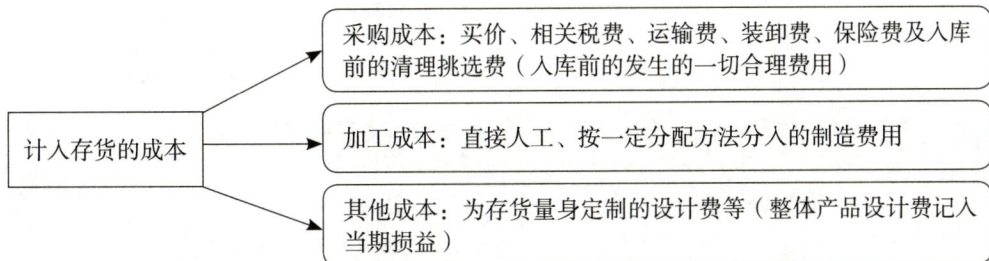

图2-3 计入存货的成本

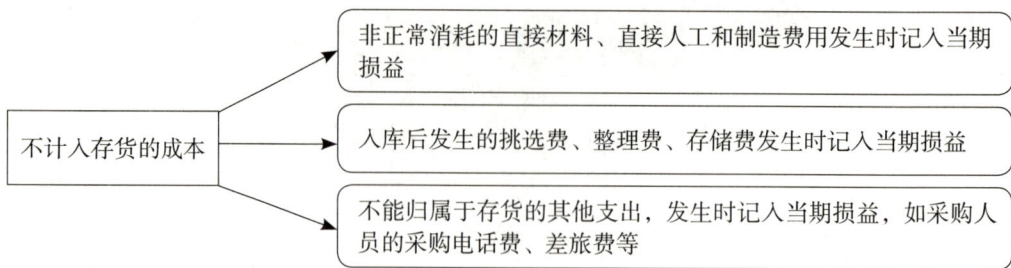

图2-4　不计入存货的成本

提示

1. 运输途中的合理损耗仅增加存货的单位成本，不影响存货的总成本。

2. 进口的存货成本中注意关税、消费税要计入存货的成本中。留意小规模纳税人的采购成本是含税的，考试中经常考核的几个采购成本中的税费：增值税、资源税、消费税、仓储费、合理损耗费。

3. 商贸企业采购商品过程中发生的运输费、装卸费、落地暂存费、保险费等一切可以归属于存货的费用，应在发生时记入采购成本中，也可以先进行归集，期末根据所购商品的存销情况进行合理分摊。对已售商品的进货费用直接计入销售费用；对尚未销售商品的进货费用，记入期末存货成本。企业采购商品的进货费用金额较小的，可以在发生时直接计入销售费用。

（三）发出存货的计价方法

1. 实际成本法

表2-4　存货的实际成本法计量

方法	优点	缺点
个别计价法	成本核算最准确。	存货量大、收发比较频繁的企业成本核算的工作量较大。
	适用范围：适用于一般不可替代使用的存货，为特定项目专门购入或制造的存货，以及提供的劳务，如珠宝、名画等贵重物品。	
先进先出法	可以随时结转存货发出的成本。	如果企业存货收发业务比较频繁，且单价不稳定，核算工作将比较繁琐。

（续上表）

方法	优点	缺点
先进先出法	【考点】在物价持续上涨时，期末存货成本接近最新市价，而发出存货成本会偏低（购买成本），会高估企业当期的利润和存货价值，反之会低估企业的存货价值和当期利润。 【速记】物价涨、成本涨，利润涨；物价跌，成本减，利润降。	
月末一次加权平均法	比较简单，简化了成本核算工作，弥补了先进先出法的不足。	无法随时结转发出和结存存货的单价和金额等数据，因此不利于存货成本的日常管理与控制。
	【核心计算】（1）期末存货综合单位成本=(上期末存货成本+本次新购进存货成本)÷（上期末存货数量+本次新购进存货数量） （2）本期发出存货成本=期末发出存货数量×存货单位成本 （3）本期期末存货成本=期末结存存货数量×存货单位成本	
移动加权平均法	能随时结算出存货的收发、结存等数据信息，计算的平均单位成本也比较客观。	由于每次收发货都要计算一次平均单位成本，工作量较大，对收发货频繁的企业不适合。
	【核心计算】（1）存货单位成本=（原有存货实际成本+本次进货实际成本）÷（原有库存存货数量+本次进货数量） （2）本期发出存货成本=本期发出存货数量×存货单位成本（本次发货前） （3）本期期末存货成本=期末结存存货数量×期末存货单位成本	

重要提示

　　发出存货的计价方法，属于会计核算计量过程使用的专门方法，一经确定，不得随意变更，如需变更，应在会计报表附注中予以说明（该变更属于会计政策变更）。

2. 发出存货的计划成本法计量（有计划有步骤）

第一步：采购时

借：材料采购（购买时的实际成本）

  应交税费——应交增值税（进项税额）

  贷：银行存款等

第二步：材料验收入库时

借：原材料（计划成本——企业期初预算数据）

  材料成本差异（倒挤出数，可能在贷方）

  贷：材料采购（购买时的实际成本）

第三步：材料被领用时

借：生产成本（生产车间领用）

  制造费用（车间一般耗用）

  管理费用（行政管理部门耗用）

  销售费用（销售部门耗用）

  贷：原材料（计划成本——企业期初预算数据）

第四步：期末对被领出材料的计划成本数据还原成实际成本数据

借：生产成本（生产车间领用）

  制造费用（车间一般耗用）

  管理费用（行政管理部门耗用）

  销售费用（销售部门耗用）

  贷：材料成本差异（可能在借方，与采购时形成的成本差异方向相反）

重点记忆

1. "材料采购"科目，是计划成本法的"标志"，分录中有"材料采购"说明就是计划成本法核算，且登记金额为采购材料的实际成本。

2. 材料成本差异科目，材料购入时因计划数与实际数不同，会形成材料的成本差异；在材料发出时，结转采购材料时形成的成本差异。

重点提示

期末，对当期材料发出时计划成本还原为实际成本的方法——综合分摊材料成本差异。

综合材料成本差异率＝（期初结存材料的成本差异＋本期新购买材料形成的成本差异）÷（期初结存材料的计划成本＋本期新购材料的计划成本）×100%

1. 发出材料应分摊的材料成本差异＝发出材料的计划成本×本期材料成本差异率

2. 发出材料的实际成本＝发出材料的计划成本×（1+材料成本差异率）

3. 结存材料应分摊的材料成本差异＝结存材料的计划成本×本期材料成本差异率

4. 结存材料的实际成本＝结存材料的计划成本×（1+材料成本差异率）

二、原材料

原材料的成本核算如表2-5所示。

表2-5 原材料的成本核算

	实际成本核算	计划成本核算
购入材料时	借：在途物资（货未到、单先到） 应交税费——应交增值税（进项税额） 贷：银行存款等	借：材料采购（实际成本） 应交税费——应交增值税（进项税额） 贷：银行存款等
材料入库时	借：原材料（实际成本） 贷：在途物资	借：原材料（计划成本） 材料成本差异（可能在贷方） 贷：材料采购（实际成本）
材料发出时	借：生产成本（生产车间领用） 制造费用（车间一般耗用） 管理费用（行政管理部门耗用） 销售费用（销售部门耗用） 贷：原材料（实际成本）	借：生产成本（生产车间领用） 制造费用（车间一般耗用） 管理费用（行政管理部门耗用） 销售费用（销售部门耗用） 贷：原材料（计划成本）

（续上表）

	实际成本核算	计划成本核算
期末成本还原	无	借：生产成本（生产车间领用） 　　制造费用（车间一般耗用） 　　管理费用（行政管理部门耗用） 　　销售费用（销售部门耗用） 　贷：材料成本差异 或反方向分录。

三、周转材料

（一）包装物

包装物的成本核算如表2-6所示。

表2-6　包装物的成本核算

	实际成本核算	计划成本核算
购入包装物时	借：周转材料——包装物 　　应交税费——应交增值税（进项税额） 　贷：银行存款等	借：材料采购（实际成本） 　　应交税费——应交增值税（进项税额） 　贷：银行存款等 验收入库： 借：周转材料——包装物（计划成本） 　　材料成本差异（可能在贷方） 　贷：材料采购（实际成本）
生产领用时	借：生产成本 　贷：周转材料——包装物	借：生产成本（包装物的计划数） 　　材料成本差异（可能在贷方） 　贷：周转材料——包装物
随同商品出售，不单独计价	借：销售费用 　贷：周转材料——包装物	借：销售费用（销售部门耗用） 　　材料成本差异（可能在贷方） 　贷：周转材料——包装物

（续上表）

	实际成本核算	计划成本核算
随同商品出售，单独计价	借：银行存款等 　　贷：其他业务收入 　　　　应交税费——应交增值税（销项税额） 同时结转成本 借：其他业务成本 　　贷：周转材料——包装物	借：银行存款等 　　贷：其他业务收入 　　　　应交税费——应交增值税（销项税额） 同时结转成本 借：其他业务成本 　　材料成本差异（可能在贷方） 　　贷：周转材料——包装物
出租包装物	同上	同上
出借包装物	借：销售费用 　　贷：周转材料——包装物	借：销售费用 　　材料成本差异（可能在贷方） 　　贷：周转材料——包装物

（二）低值易耗品的成本核算

低值易耗品包括：一般的工具、专用工具、替代设备、管理用具、劳保保护用品和其他用品等。它与固定资产一样，也属于劳动资料，但因为其单位价值较低，使用期限较短，容易坏损，不具有重要性，所以会计核算时将其归为存货核算。核算特点：按照使用次数分次计入成本费用。金额较小的，可在领用时一次计入成本费用。具体内容如表2-7所示。

表2-7　低值易耗品的成本核算

	实际成本核算	计划成本核算
购入低值易耗品时	借：周转材料——低值易耗品——在库 　　应交税费——应交增值税（进项税额） 　　贷：银行存款等	借：材料采购（实际成本） 　　应交税费——应交增值税（进项税额） 　　贷：银行存款等 验收入库： 借：周转材料——低值易耗品（计划成本） 　　材料成本差异（可能在贷方） 　　贷：材料采购（实际成本）

（续上表）

	实际成本核算	计划成本核算
低值易耗品领用时	借：周转材料——低值易耗品——在用 贷：周转材料——低值易耗品——在库（实际成本数据）	借：周转材料——低值易耗品——在用 贷：周转材料——低值易耗品——在库 （计划成本数据）
领用摊销时	借：制造费用等 贷：周转材料——低值易耗品——摊销 同时： 借：周转材料——低值易耗品——摊销 贷：周转材料——低值易耗品——在用	借：制造费用等 材料成本差异（分摊计划与实际的差额） 贷：周转材料——低值易耗品——摊销 同时： 借：周转材料——低值易耗品——摊销 贷：周转材料——低值易耗品——在用

四、委托加工物资

委托加工物资是指企业委托外单位加工的各种材料或商品。其成本的内容和核算如图2-5所示。

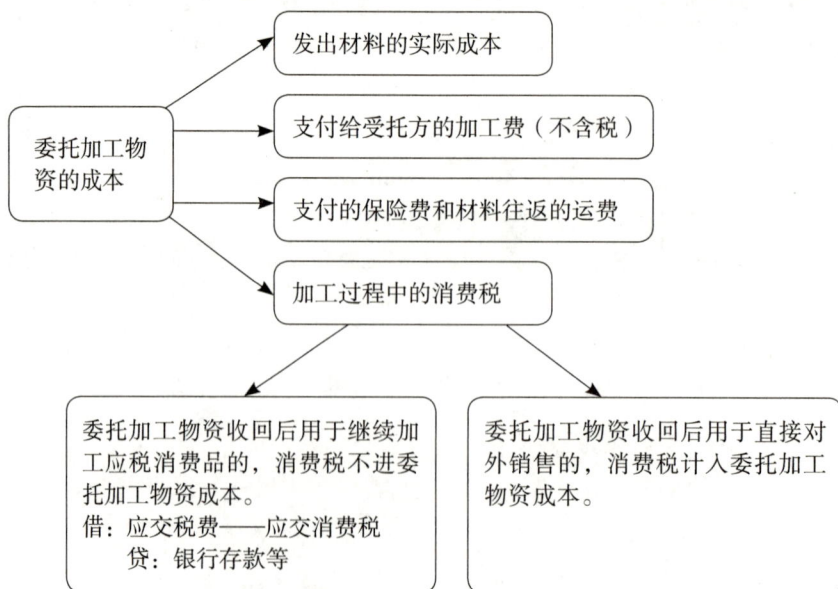

图2-5　委托加工物资的成本及其核算

重要提示

1. 消费税是价内税，所以委托加工物资用于直接销售，消费税就必须回到价内。

2. 消费税是受托方代扣代缴，具体缴纳时需要计算组成计税价格。如果受托方是个人，委托加工品的消费税需要在运回委托方时，由委托方缴纳。

五、库存商品

（一）库存商品的内容

库存商品具体包括库存产成品、外购商品、存放在门市部准备出售的商品、发出展览的商品、寄存在外的商品、接受来料加工制造的代制品和为外单位加工修理的代修品等。

（二）库存商品的账务处理

1. 验收入库商品

借：库存商品（实际成本）

　　贷：生产成本——基本生产成本

2. 发出商品（两步走：一手交钱，一手交货）

（1）一手交钱

借：银行存款/应收账款/应收票据等

　　贷：主营业务收入

应交税费——应交增值税（销项税额）

（2）一手交货

借：主营业务成本

　　贷：库存商品

（3）如有跌价切记结转跌价

借：存货跌价准备

　　贷：主营业务成本、其他业务成本等

3．商品流通企业

（1）购入商品

可以采用进价或售价核算。采用售价核算的，商品售价和进价的差额，可通过"商品进销差价"科目核算。月末：

借：商品进销差价

　　贷：主营业务成本

（2）发出存货，通常还采用毛利率法和售价金额核算法等方法进行核算。

①毛利率法（适用商业批发企业）

毛利率是指根据本期销售净额乘以上期实际（或本期计划）毛利率匡算本期销售毛利，并据以计算发出存货和期末存货成本的一种方法。

毛利率＝销售毛利÷销售净额×100%

销售净额＝商品销售收入－销售退回和折让

销售毛利＝销售净额×毛利率

销售成本＝销售净额－销售毛利

期末存货成本＝期初存货成本＋本期购货成本－本期销售成本

这种方法适用于经营品种较多，月度计算成本确有困难的企业。它既能减轻成本核算工作量，又能满足批发企业对存货的管理需求。

②售价金额核算法（适用零售企业）

售价金额核算法是指平时商品的购入、加工收回、销售均按售价记账，售价与进价的差额通过"商品进销差价"科目核算，期末计算进销差价率和本期已销商品应分摊的进销差价，并据以调整本期销售成本的一种方法。

计算公式如下：

商品进销差价率＝（期初库存商品进销差价＋本期购入商品进销差价）÷（期初库存商品售价＋本期购入商品售价）×100%

本期销售商品应分摊的商品进销差价＝本期商品销售收入×商品进销差价率

本期销售商品的成本＝本期商品销售收入－本期已销商品应分摊的商品进销差价

期末结存商品的成本＝期初库存商品的进价成本＋本期购进商品的进价成本－本期销售商品的成本

1. 售价金额核算法的核算思路与计划成本核算法的思路相同，区别之处就是进销差价不会出现负数，永远是超支差异的状态。

2. 如果企业的商品进销差价率各期之间比较均衡，可以采用上期商品进销差价率来分摊本期的商品进销差价，但年度末需要对商品进销差价进行调整。

六、存货清查

存货的清查如表2-8所示。

表2-8 存货的清查

清查	审批前	审批后
盘盈	借：原材料 　　贷：待处理财产损溢	借：待处理财产损溢 　　贷：管理费用
盘亏	借：待处理财产损溢 　　贷：原材料 　　　　应交税费——应交增值税（进项税额转出） 自然灾害的亏损增值税进项税额不用转出，其他情况导致的亏损进项税必须转出。	借：原材料（残料） 　　其他应收款（过失方赔偿） 　　管理费用（管理不善） 　　营业外支出（自然灾害） 　　贷：待处理财产损溢

1. 自然灾害不要和非正常损失混淆（暴雨、地震、洪水、台风属于自然灾害）。

2. 存货盘盈不区分任何情况一律冲减"管理费用"科目。

3. 对比记忆另两个实物资产的盘点分录。

七、存货减值

（一）存货减值的概念

资产负债表日，存货应当按照成本与可变现净值孰低计量。其中，成本是指期末存货的实际成本（计划成本法核算的材料是还原后的成本）。

可变现净值＝估计售价－至完工时估计将要发生的成本－估计的销售费用－相关税费

存货成本高于其可变现净值的，应当计提存货跌价准备，计入当期损益。

（二）存货跌价准备的账务处理

1. 当存货成本高于其可变现净值时

借：资产减值损失

　　贷：存货跌价准备（差额）

2. 转回已计提的存货跌价准备金额时

借：存货跌价准备（恢复增加的金额≤已计提金额）

　　贷：资产减值损失

3. 存货出售时结转跌价准备

借：存货跌价准备

　　贷：主营业务成本、其他业务成本等

((•)) 重要提示

1. 存货跌价准备以后期间是可以转回的，会计核算中的资产减值可以转回的包括：坏账准备、存货跌价准备、可供出售金融资产减值准备。

2. 材料的可变现净值确认需要先计算材料加工成产品后的可变现净值，所以可变现计算公式中才会出现"至完工时估计将要发生的成本"。

第五节 固定资产

一、固定资产概述

（一）固定资产的概念和特征

1. 为生产商品、提供劳务、出租或经营管理而持有的；不像商品一样为了对外出售。

2. 使用寿命超过一个会计年度。

（二）固定资产的分类

固定资产的分类具体如图2-6和图2-7所示。

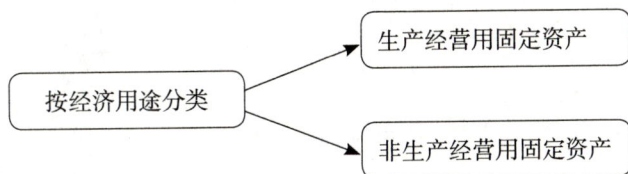

```
                          ┌── 生产经营用固定资产
         按经济用途分类 ──┤
                          └── 非生产经营用固定资产
```

图2-6　固定资产的分类（按经济用途分类）

```
              ┌ 1. 生产经营用固定资产
              │ 2. 非生产经营用固定资产
              │ 3. 租出的固定资产（经营租赁）
     综合分类 ┤ 4. 融资租入的固定资产
              │ 5. 使用中固定资产
              │ 6. 未使用固定资产
              └ 7. 土地（已经估计单独入账的土地）
```

图2-7　固定资产的分类（综合分类）

((ο)) 提示

　　1. 固定资产的各组成部分具有不同使用寿命或者以不同方式为企业提供经济利益，适用不同折旧率或折旧方法的应当分别将各组成部分确认为单项固定资产。

　　2. 经营租出的固定资产、融资租入的固定资产属于企业的固定资产；经营租入的固定资产、融资租出的固定资产不属于企业的固定资产。

3. 土地（过去已经单独估价入账的土地）属于企业固定资产。因征地而支付的补偿费。应计入与土地有关的房屋、建筑物价值内，不单独作为土地价值入账。企业取得的土地使用权，应作为无形资产管理，不作为固定资产管理。

二、取得固定资产

（一）外购固定资产

1. 外购固定资产的概念

企业外购的固定资产，应按实际支付的购买价款、相关税费、使固定资产达到预定可使用状态前所发生的可归属于该项资产的运输费、装卸费、安装费和专业人员服务费等，作为固定资产的取得成本（买价＋相关税费）。

2. 外购固定资产的账务处理

（1）购入不需要安装固定资产

借：固定资产

　　应交税费——应交增值税（进项税额）

　　贷：银行存款

（2）购入需要安装固定资产（单独使用会计科目）

借：在建工程

　　应交税费——应交增值税（进项税额）

　　贷：银行存款、应付职工薪酬等

达到预定可使用状态时：

借：固定资产

　　贷：在建工程

考点关注

1. 企业以一揽子购入多项没有单独标价的固定资产，应将各项资产单独确认为固定资产，并按各项固定资产公允价值的比例对总成本进行分配，分别确定各项固定资产的入账价值，一揽子购入资产的运杂费按照上述比例分摊计入固定资产成本。

2. 增值税一般纳税人购入动产支付的增值税，记入"应交税费——应交增值税（进项税额）"科目，在购置当期全部一次性扣除；购入不动产，在2016年5月1日后，自取得之日起分2年抵扣，第1年60%，第2年40%。小规模纳税人发生的进项税额需计入成本。

（二）自行建造固定资产

1. 自行建造固定资产的概念

企业自行建造固定资产，应按建造该项资产达到预定可使用状态前所发生的必要支出，作为固定资产的成本。

2. 自行建造固定资产的账务处理

（1）购入工程物资时（不用再区分生产用和非生产用固定资产）

借：工程物资

　　应交税费——应交增值税（进项税额）（税额的60%）

　　应交税费——待抵扣进项税额（税额的40%）

　　贷：银行存款

（2）领用工程物资时

借：在建工程

　　贷：工程物资

（3）在建工程领用本企业原材料时

借：在建工程

　　应交税费——待抵扣进项税额

　　贷：原材料

　　　　应交税费——应交增值税（进项税转出）

（4）在建工程领用本企业生产的商品时（自用于应税项目不视同销售）

借：在建工程

　　应交税费——待抵扣进项税额

　　贷：库存商品

　　　　应交税费——应交增值税（进项税转出）

　　　　应交税费——应交增值税（销项税额）

（5）自营工程发生的其他费用（如分配工程人员工资等）

借：在建工程

　　贷：银行存款

　　　　应付职工薪酬

（6）自营工程达到预定可使用状态时

借：固定资产（按其成本）

　　贷：在建工程

3．出包的概念

在这种方式下，"在建工程"科目主要是企业与建造承包商办理工程价款的结算科目。

考点关注

1．分期付款购入的固定资产初始入账金额按照固定资产的现值入账。

2．融资租入的固定资产初始入账按租赁开始日租赁资产的公允价值与最低租赁付款额现值两者中较低者，加上相关税费后入账。

3．换入的固定资产按照换出固定资产的公允价值加上支付或收到的补价入账。

三、对固定资产计提折旧

（一）固定资产的折旧

企业应在固定资产使用寿命内，按照确定的方法对应计折旧额进行系统分摊。固定资产的使用寿命和预计净残值一经确定，不得随意变更。

1．影响折旧的因素：原价、预计净残值、已计提的减值准备、使用寿命

2．不提折旧的情况（新大纲调整）：

（1）已提足折旧仍继续使用的固定资产；

（2）单独计价入账的土地。

提示

1．固定资产应当按月计提折旧，当月增加的固定资产，当月不计提折旧，从下月起计提折旧；当月减少的固定资产，当月仍计提折旧，从下月起不计提折旧。

2．固定资产提足折旧后，不论能否继续使用，均不再计提折旧；提前报废的固定资产，也不再补提折旧。所谓提足折旧，是指已经提足该项固定资产的应计

折旧额。

3. 固定资产的使用寿命、预计净残值和折旧方法本身就是因为会计谨慎性的要求对资产的无形损耗的一种记录，所以这种记录方法的变化在会计上叫会计估计变更。

（二）固定资产的折旧方法

1. 固定资产的折旧方法包括两类：（1）匀速折旧（年限平均法、工作量法）；（2）加速折旧（双倍余额递减法、年数总和法）。具体内容如表2-9所示。

表2-9　固定资产的折旧方法

方法	计算公式
年限平均法	年折旧额＝（原价－预计净残值）÷预计使用年限 ＝原价×（1－预计净残值率）÷预计使用年限
工作量法	工作量折旧额＝（原价－预计净残值）÷预计总工作量 ＝原价×（1－预计净残值率）÷预计总工作量
年数总和法	年折旧额＝（原价－预计净残值）×年折旧率 ＝原价×（1－预计净残值率）×年折旧率 年折旧率＝尚可使用年限÷年数总和×100% 【提示】年数总和法的年折旧率是每期变化的。
双倍余额递减法	年折旧额＝固定资产账面净额×年折旧率 ＝（原价－折旧）×年折旧率 年折旧率＝2÷预计使用年限×100% 【提示1】双倍余额的年折旧额是固定不变的。 【提示2】固定资产折旧年限到期的前两年内，将固定资产的账面净值扣减预计净残值后的余额在两年内平均摊销。

提示

预计使用年限是指资产预计总的使用年限，尚可使用年限是指资产还可以使用的年限。

资产账面余额是资产期末的账面结余数据；

资产的账面价值是资产期末出报表时的公允价值，需要扣除该资产的折损和减值；

资产的账面净值是资产的余额扣除折损后的金额，不考虑减值问题。

（三）固定资产折旧的账务处理

借：在建工程（建造固定资产过程中使用）

其他业务成本（出租）

制造费用（生产车间使用的固定资产）

销售费用（销售部门使用的固定资产）

管理费用（管理部门使用的固定资产）

贷：累计折旧

四、固定资产发生的后续支出

固定资产的后续支出是指固定资产在使用过程中发生的更新改造支出、修理费用等。

（一）固定资产的更新改造等后续支出，满足固定资产确认条件的，应当计入固定资产成本，如有被替换的部分，应同时将被替换部分的账面价值从该固定资产原账面价值中扣除；不满足固定资产确认条件的固定资产修理费用等，应当在发生时计入当期损益。

（二）在对固定资产发生可资本化的后续支出时，企业应将固定资产的原价、已计提的累计折旧和减值准备转销，将固定资产的账面价值计入"在建工程"。固定资产发生的可资本化的后续支出，通过"在建工程"科目核算。

在固定资产发生的后续支出完工并达到预定可使用状态时，从"在建工程"科目转入"固定资产"科目。

（三）账务处理汇总

1. 费用化支出

借：管理费用（生产车间、行政管理部门、财务部门）

　　销售费用（销售部门）

　　贷：银行存款等

2．资本化支出

（1）开始改造时，将固定资产停止折旧转入"在建工程"：

借：在建工程

　　累计折旧

　　固定资产减值准备

　　贷：固定资产

（2）更换坏损旧部件时（更换的旧部件要计算其账面价值）：

借：营业外支出（旧部件的账面价值）

　　贷：在建工程

（3）发生改造成本支出时：

借：在建工程

　　贷：原材料／应付职工薪酬／银行存款等

（4）达到预定可使用状态时：

借：固定资产

　　贷：在建工程

五、处置固定资产

固定资产处置包括固定资产的出售、报废、毁损、对外投资、非货币性资产交换、债务重组等。处置固定资产应通过"固定资产清理"科目核算。

（一）固定资产转入清理

借：固定资产清理

　　累计折旧（已累计计提的折旧）

　　固定资产减值准备

　　贷：固定资产（原值）

（二）发生清理费用时

借：固定资产清理

应交税费——应交增值税（进项税额）

贷：银行存款

（三）收到变价收入、残料入库或保险赔偿时

借：银行存款（变价收入）

原材料（残料入库）

其他应收款（保险赔偿或个人赔偿）

贷：固定资产清理

应交税费——应交增值税（销项税额）

（四）结转处置净损益时

借：营业外支出（处置净损失）

贷：固定资产清理

或者：借：固定资产清理

贷：营业外收入（清理净收益）

六、固定资产清查

固定资产的清查具体内容如表2-10所示。

表2-10　固定资产的盘点

固定资产盘点	盘盈	盘亏
批准前	借：固定资产 　　贷：以前年度损益调整	借：待处理财产损溢 　　固定资产减值准备 　　累计折旧 　　贷：固定资产
批准后	借：以前年度损益调整 　　贷：盈余公积 　　　　未分配利润	借：其他应收款（可收回的保险赔偿或过失人赔偿） 　　营业外支出——盘亏损失 　　贷：待处理财产损溢

1. 不论是何种原因造成的固定资产盘亏，净损失均计入当期营业外支出。

2. 资产清查中只有实物资产需要盘点：现金、存货、固定资产。

3. 固定资产的三个特点：（1）初始购入时，安装需要特殊科目"在建工程"；（2）盘点时，盘盈需要特殊科目"以前年度损益调整"；（3）处置时需要特殊科目"固定资产清理"。

七、固定资产的减值

固定资产在资产负债表日存在可能发生减值的迹象时，其可收回金额低于账面价值的，企业应当将该固定资产的账面价值减记至可收回金额，减记的金额确认为减值损失，计入当期损益，同时计提相应的资产减值准备。

借：资产减值损失

　　贷：固定资产减值准备

固定资产减值损失一经确认，在以后会计期间不得转回。

总结

可以转回的减值准备有：坏账准备、存货跌价准备、持有至到期投资减值准备、可供出售金融资产减值准备。

第六节 无形资产和长期待摊费用

一、无形资产

（一）无形资产概述

无形资产是指企业拥有或者控制的没有实物形态的可辨认非货币性资产。无形资产的特点：

1. 不具有实物形态；

2. 具有可辨认性；

3. 非货币性长期资产（商誉不属于无形资产）

无形资产的内容：专利权、非专利技术、商标权、著作权、土地使用权、特许权等。

（二）无形资产的账务处理

1. 无形资产的取得

无形资产的取得及其账务处理如表2-11所示。

表2-11　无形资产的取得及其账务处理

外购的无形资产（买价＋相关税费）		借：无形资产（购买价款＋相关税费＋直接归属于使该项资产达到预定用途所发生的其他支出） 应交税费——应交增值税（进项税额） 贷：银行存款 【提示】外购无形资产的入账金额中不包括无形资产的技术推广费用和广告费等。
自行研发的无形资产	流程	企业内部研究开发项目所发生的支出分：研究阶段支出、开发阶段支出。 （1）研究阶段→研发支出——费用化支出→期末计入"管理费用"

（续上表）

自行研发的无形资产	流程	（2）开发阶段——不满足资本化条件→研发支出——费用化支出——（管理费用）→满足资本化条件→资本化支出→无形资产（满足确认条件时）
自行研发的无形资产	账务处理	（1）企业自行开发无形资产发生研发支出（研究阶段或开发阶段）： 借：研发支出——费用化支出（不满足资本化条件） 　　　　　　——资本化支出（满足资本化条件） 　　贷：原材料 　　　　银行存款 　　　　应付职工薪酬 （2）期（月）末，不满足资本化条件的支出： 借：管理费用 　　贷：研发支出——费用化支出 （3）满足资本化条件的研究开发项目达到预定用途形成无形资产的： 借：无形资产 　　贷：研发支出——资本化支出

【提示1】如果无法可靠区分研究阶段的支出和开发阶段的支出，应将其发生的研发支出全部费用化，计入当期损益。

【提示2】期末符合资本化条件的"研发支出——资本化支出"未达到预定用途，应将金额列报在资产负债表的"开发支出"项目。

2. 无形资产的摊销

无形资产的摊销及其账务处理如表2-12所示。

表2-12　无形资产的摊销及其账务处理

无形资产的摊销	企业应当于取得无形资产时分析判断其使用寿命 （1）使用寿命有限的无形资产应进行摊销——应当自可供使用（即其达到预定用途）当月起开始摊销，处置当月不再摊销。 （2）使用寿命不确定的无形资产不应摊销。

（续上表）

摊销的账务处理	无形资产摊销方法包括直线法、生产总量法等。无法可靠确定预期实现方式的，应当采用直线法摊销，并按月对无形资产进行摊销。无形资产的摊销额一般应当计入当期损益，并记入"累计摊销"科目。 借：管理费用（管理用） 　　其他业务成本（出租） 　　制造费用（用于生产产品） 　　销售费用（销售部门使用的） 　　贷：累计摊销
无形资产的减值	在资产负债表日，其可收回金额低于账面价值的，企业应当将该无形资产的账面价值减记至可收回金额，减记的金额确认为减值损失，计入当期损益，同时计提相应的资产减值准备。 借：资产减值损失 　　贷：无形资产减值准备 无形资产减值损失一经确认，在以后会计期间不得转回。

【提示1】使用寿命不确定的无形资产期末不计提摊销，年末要做减值测试。

【提示2】当月增加的无形资产当月开始摊销，当月减少的无形资产当月停止摊销（与固定资产相反）。

3. 无形资产的处置

企业处置无形资产，应当将取得的价款扣除该无形资产账面价值以及出售相关税费后的差额记入营业外收入或营业外支出。

借：银行存款

　　无形资产减值准备

　　累计摊销

　　营业外支出——非流动资产处置损失

　　贷：无形资产

　　　　应交税费——应交增值税（销项税额）

　　　　营业外收入——非流动资产处置利得

二、长期待摊费用

长期待摊费用是指企业已经发生但应由本期和以后各期负担的分摊期限在1年以上的各项费用，如以经营租赁方式租入的固定资产发生的改良支出等。企业应通过"长期待摊费用"科目，核算长期待摊费用的发生、摊销和结存等情况。

借：长期待摊费用

　　贷：原材料

　　　　银行存款等

提示

摊销长期待摊费用时，应当记入"管理费用"、"销售费用"等科目。

第三章　负　债

第一节　短期借款

一、借入短期借款

短期借款的核算，如表3-1所示。

表3-1　短期借款的核算

概念	指企业向银行或其他金融机构等借入的期限在一年以下（含一年）的各种款项。一般是企业为了满足正常生产经营所需的资金或者是为了抵偿某项债务而借入的。
账务处理	1. 借入短期借款： 借：银行存款 　　贷：短期借款 2. 计提利息（预提）： 借：财务费用 　　贷：应付利息 3. 归还本息： 借：短期借款 　　应付利息（各期计提未付的利息） 　　财务费用（还款当期直接支付的利息） 　　贷：银行存款

【考点关注】1. 筹建期间非资本化的部分计入"管理费用"科目。

2. 短期借款必须是从金融机构的生产经营借款，企业之间的临时拆借资金不属于短息借款。

3. 短期借款计提的利息通过"应付利息"科目核算，不通过"短期借款"科目核算，不影响短期借款的账面价值。

第二节 应付及预收款项

一、应付票据

应付票据的核算，如表3-2所示。

表3-2 应付票据的核算

概念	应付票据是企业购买材料、商品和接受劳务供应等而开出、承兑的商业汇票，包括银行承兑汇票和商业承兑汇票。我国商业汇票的付款期限不超过6个月，电子商业汇票不超过1年。 【提示】应付票据在实务中应该建立"应付票据备查登记簿"，计量票据的出票相关信息。
账务处理	1．采购货物开出商业汇票时： 借：材料采购/原材料/库存商品 　　应付账款 　　应交税费——应交增值税（进项税额） 　　贷：应付票据 2．支付银行承兑汇票的手续费： 借：财务费用 　　贷：银行存款等 3．偿还应付票据： 借：应付票据 　　贷：银行存款 4．针对带息应付票据期末计算应付利息： 借：财务费用 　　贷：应付票据（增加应付票据的账面价值）
应付票据转销	1．应付商业承兑汇票到期，如企业无力支付票款： 借：应付票据 　　贷：应付账款

（续上表）

应付票据转销	2. 应付银行承兑汇票到期，如企业无力支付票款： 借：应付票据 　　贷：短期借款
【考点关注】应付票据到期不能收回时，转入的会计科目切记不包括"其他应付款"科目。	

二、应付账款

应付账款的核算，如表3-3所示。

表3-3　应付账款的核算

概念	应付账款是指企业因购买材料、商品或接受劳务供应等经营活动应支付的款项。包括：1. 购买材料、商品等物资应支付的价款；2. 购入材料商品等物资应支付的增值税进项税额、接受劳务安装应支付的劳务费、增值税进项税额；3. 销售方代垫的运杂费等（与应收账款中带客户垫付的运杂费对应记忆）。
账务处理	1. 发生应付账款： 借：材料采购、在途物资等 　　应交税费——应交增值税（进项税额） 　　贷：应付账款 2. 偿还应付账款/票据抵付： 借：应付账款（扣除现金折扣前金额） 　　贷：银行存款（实际偿还数）/应付票据 　　　　财务费用（现金折扣） 3. 确实无法偿付及无需支付（转销）： 借：应付账款 　　贷：营业外收入
【考点关注】关于现金折扣，我们只记忆"财务费用"科目和现金折扣是否考虑增值税两个事情。它既不影响"应收账款"科目，也不影响"应付账款"科目，又不影响"收入和成本"科目，它直接计入"财务费用"科目。	

【知识汇总】影响应收、应付账款入账价值的因素知识汇总，详见表3-4。

表3-4　影响应收、应付账款入账价值的因素汇总

影响入账价值的因素	应收账款	应付账款
价款	影响入账价值	影响入账价值
增值税进项税额	影响入账价值	影响入账价值
销售方代垫的运杂费	影响入账价值	影响入账价值
现金折扣	不影响，只影响财务费用	不影响，只影响财务费用
商业折扣	不影响应收，影响主营收入	不影响应付
销售折让	不影响应收，影响主营收入	不影响应付
销售退回	退回当期冲减	退回当期冲减

三、预收账款

预收账款的核算，如表3-5所示。

表3-5　预收账款的核算

概念	预收账款是指企业按照合同规定向购货单位预收的款项。与应付账款不同，预收账款所形成的负债不是以货币清偿，而是以货物清偿。
账务处理	1. 取得预售货款： 借：银行存款 　　贷：预收账款 2. 销售实现： 借：预收账款 　　贷：主营业务收入 　　　　应交税费——应交增值税（销项税额） 3. 收到购货单位补付的款项： 借：银行存款 　　贷：预收账款 4. 向购货单位退回其多付的款项： 借：预收账款 　　贷：银行存款

【提示】预收货款业务不多的企业，可以不单独设置"预收账款"科目，直接将预收的款项计入"应收账款"科目的贷方（预付账款的核算套路一样）。

四、应付利息和应付股利

（一）应付利息

应付利息是指企业按照合同约定应支付的利息，包括短期借款、分期付息到期还本的长期借款、企业债券等应支付的利息。

1. 计提：

借：财务费用、在建工程、研发支出等

　　贷：应付利息

2. 实际支付：

借：应付利息

　　贷：银行存款等

【知识汇总】"应付利息"科目核算知识汇总，如表3-6所示。

表3-6　"应付利息"科目核算知识汇总表

项目	是否通过"应付利息"科目核算
计提的短期借款利息	是（事业单位通过"其他支出"科目核算）
计提的分期付息，到期还本的长期借款利息	是（事业单位不通过）
计提的到期一次还本付息的长期借款利息	企业通过"长期借款——应计利息"科目核算
计提的分期付息，到期还本应付债券利息	是
计提的到期一次还本付息的应付债券利息	通过"应付债券——计提利息"核算
计提的带息应付票据利息	通过"应付票据"科目核算

（二）应付股利

应付股利的核算，如表3-7所示。

表3-7 应付股利的核算

概念	应付股利是指企业根据股东大会或类似机构审议批准的利润分配方案，确定分配给投资者的现金股利或利润。
账务处理	1. 根据股东大会或类似机构审议批准的利润分配方案，确定应付投资者现金股利或利润时： 借：利润分配——应付现金股利或利润 　　贷：应付股利 2. 向投资者实际支付现金股利或利润时： 借：应付股利 　　贷：银行存款

【考点关注】该考点需要考生牢记两个不做账务处理的特例：1. 企业董事会或类似机构通过的利润分配方案；2. 企业分配的股票股利。

五、其他应付款

其他应付款是指企业发生的与企业正常生产经营业务无关的应付的款项，如应付经营租赁固定资产的租金、租入包装物租金、存入保证金等。

企业发生其他各种应付、暂收款项时，借记"管理费用"等科目，贷记"其他应付款"科目。

提示

1. 存出投资款计入"其他货币资金"科目，存出保证金记录"其他应付款"科目。实务中企业为职工代扣代缴的保险费计入"其他应付款"科目。

2. 支付的各种押金，计入"其他应收款"科目，收到的各种押金，计入"其他应付款"科目；支付的各种资产的租金，计入"成本、费用"等科目，收到的各种资产的租金，计入"其他业务收入"科目。

第三节　应付职工薪酬

一、职工薪酬的内容

应付职工薪酬的内容包括以下几个方面，如图3-1所示。

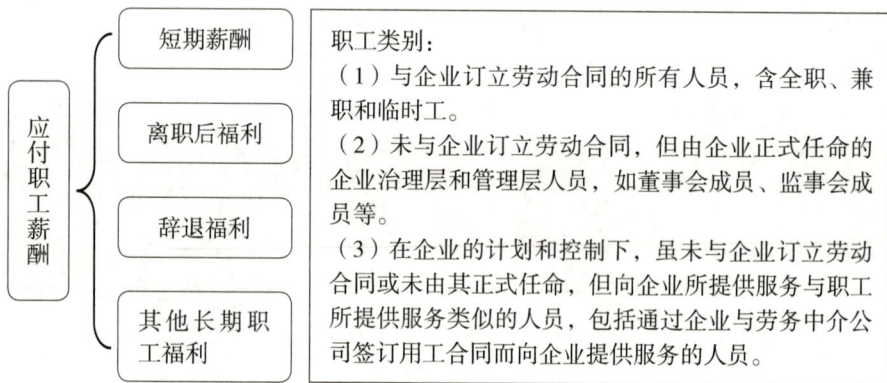

图3-1　应付职工薪酬包括的内容

提示

1. 企业提供职工配偶、子女、受赡养人已故员工遗属及其他受益人的福利，也属于职工薪酬。

2. 职工福利费包括向企业职工提供生活困难补助、丧葬补助、抚恤费、职工异地安家费、防暑降温费等以及按照国家规定开支的其他职工福利支出。

3. 短期薪酬包括职工工资、奖金、津贴和补贴，职工福利费，医疗保险费、工伤保险费和生育保险费等社会保险费，住房公积金，工会经费和职工教育经费，短期带薪缺勤，短期利润分享计划，其他短期薪酬等；不包括养老保险、失业保险。

4. 其他长期职工福利包括长期带薪缺勤、长期残疾福利、长期利润分享计划等。

5. 企业提供给职工的，以权益结算的认股权、以现金结算形式但以权益工具公允价值为基础确定的现金、股票增值权等也属于职工薪酬。

二、应付职工薪酬的账务处理

（一）货币性职工薪酬

货币性职工薪酬的账务处理包括以下几方面，如表3-8所示。

表3-8　货币性职工薪酬

短期薪酬	是指企业在职工提供相关服务的年度报告期间结束后十二个月内需要全部予以支付的职工薪酬，因解除与职工的劳动关系给予的补偿除外。具体包括： 1．职工工资、奖金、津贴和补贴。 2．职工福利费：包括向企业职工提供生活困难补助、丧葬补助，抚恤费、职工异地安家费、防暑降温费等以及按照国家规定开支的其他职工福利支出。 3．医疗保险费、工伤保险费和生育保险费等社会保险费。 4．住房公积金。 5．工会经费和职工教育经费。 6．短期带薪缺勤。 7．短期利润分享计划。 8．其他短期薪酬。 不包括养老保险和失业保险、独生子女费、差旅费津贴（单独岗位发放的非普发）
离职后福利	是指企业为获得职工提供的服务而在职工退休或与企业解除劳动关系后，提供的各种形式的报酬和福利，短期薪酬和辞退福利除外。 离职后福利计划分类为设定提存计划（养老保险和失业保险）和设定受益计划。 设定提存计划是指向独立的基金缴存固定费用后，企业不再承担进一步支付义务的离职后福利计划。如：养老保险和失业保险。 设定受益计划是指除设定提存计划以外的离职后福利计划。
辞退福利	是指企业在职工劳动合同到期之前解除与职工的劳动关系，或者为鼓励职工自愿接受裁减而给予职工的补偿。
其他长期职工福利	指除短期薪酬、离职后福利、辞退福利之外所有的职工薪酬，包括长期带薪缺勤、长期残疾福利、长期利润分享计划等

（续上表）

账务处理	1．借：生产成本（生产工人薪酬） 　　　制造费用（车间管理人员薪酬） 　　　劳务成本（提供劳务人员薪酬） 　　　管理费用（行政人员薪酬） 　　　销售费用（专设销售机构人员薪酬） 　　　在建工程（在建工程人员薪酬） 　　　研发支出（研发人员职工薪酬） 　　　贷：应付职工薪酬——工资、奖金、津贴和补贴（工资表中应 　　　　　发工资总额） 　　　　　　　　　　　　——职工福利费（14%） 　　　　　　　　　　　　——工会经费（2%） 　　　　　　　　　　　　——职工教育经费（2.5%） 　　　　　　　　　　　　——社会保险费（工资表中社保公司承担部分） 　　　　　　　　　　　　——住房公积金等（工资表中公积金公司部分） 2．实际发放： 借：应付职工薪酬——工资、奖金、津贴和补贴等（工资表中应发工资的 　　　总额） 　　贷：银行存款等（工资表中实发工资） 　　　　其他应付款——社保个人承担部分（工资表中社保个人承担部分） 　　　　　　　　　　——公积金个人承担部分（工资表中公积金个人承担 　　　　　　　　　　　部分） 　　　　应交税费——个人所得税（工资表中的个人所得税） 　　　　其他应收款（企业从职工实发工资中扣除的各种为职工垫付的款项）

（二）短期带薪缺勤

1．累积带薪缺勤，是指带薪权利可以结转下期的带薪缺勤，本期尚未用完的带薪缺勤权利可以在未来期间使用。

企业应当在职工提供了服务从而增加了其未来享有的带薪缺勤权利时：

借：管理费用等

　　贷：应付职工薪酬——带薪缺勤——短期带薪缺勤——累积带薪缺勤

2．非累积带薪缺勤，是指带薪权利不能结转下期的带薪缺勤，本期尚未用完的带薪缺勤权利将予以取消，并且职工离开企业时也无权获得现金支付。我国企业职工休婚假、产假、丧假、探亲假、病假期间的工资通常属于非累积带薪缺勤。

企业确认职工享有的与非累积带薪缺勤权利相关的薪酬，视同职工出勤确认的当期损益或相关资产成本，不必额外作相应的账务处理。

（三）非货币性职工薪酬

非货币性职工薪酬的账务处理包括以下几方面，如表3-9所示。

表3-9　非货币性职工薪酬

自产产品发放给职工	内容	按照该产品的公允价值+增值税销项税额计入相关资产成本或当期损益
	账务处理（三步法）	1.借：生产成本、管理费用等 　　　贷：应付职工薪酬——非货币性福利（含税价） 2.借：应付职工薪酬——非货币性福利 　　　贷：主营业务收入（公允价值） 　　　　　应交税费——应交增值税（销项税额）税法上视同销售 3.借：主营业务成本 　　　存货跌价准备 　　　贷：库存商品
自有房屋等资产无偿提供给职工使用	内容	将住房每期应计提的折旧计入相关资产成本或当期损益
	账务处理（两步法）	1.借：生产成本、管理费用等 　　　贷：应付职工薪酬——非货币性福利 2.借：应付职工薪酬——非货币性福利 　　　贷：累计折旧
租赁住房等资产供职工无偿使用	内容	将每期应付的租金计入相关资产成本或当期损益
	账务处理（两步法）	1.借：生产成本、管理费用等 　　　贷：应付职工薪酬——非货币性福利 2.借：应付职工薪酬——非货币性福利 　　　贷：银行存款

提示

1. 难以确定受益对象的非货币性福利，直接计入当期损益和确认应付职工薪酬。

2. 发放给职工自产应税产品的，企业涉及代收代缴个人所得税。

3. 非货币性福利核算内容包括：

（1）企业以自产产品发放给职工；

（2）企业外购商品发放给职工；

（3）企业为职工无偿提供服务；

（4）企业将自有房屋等资产无偿提供给职工使用；

（5）企业租赁住房等资产供职工无偿使用；

（6）向职工提供企业支付了一定补贴的商品或者服务，比如以低于成本的价格向职工出售住房。

三、设定提存计划的核算

对于设定提存计划，企业应当根据在资产负债表日为换取职工在会计期间提取的服务而应向单独主体缴存的提存金，确认为应付职工薪酬，并计入当期损益或相关资产成本。

借：生产成本、制造费用、管理费用、销售费用等

贷：应付职工薪酬——设定提存计划

提示

1. 养老保险及失业保险，属于离职后福利。

2. 职工个人储蓄性养老保险，属于职工个人的行为，与企业无关，不属于职工薪酬。

3. 辞退福利的入账不再区分属于哪个部门，直接计入"管理费用"科目。

第四节　应交税费

一、应交税费概述

我国现行征收税费包括：增值税、消费税、城市维护建设税、教育费附加、地方教育费附加、资源税、城镇土地使用税、企业所得税、个人所得税、土地增值税、房产税、车船税、土地使用税、印花税、耕地占用税、契税、关税、烟叶税等。企业设置"应交税费"科目核算各种税费。

提示

1. 不通过应交税费核算的税种：契税、车辆购置税；不需要预计应交数的印花税、耕地占用税。

2. 依据财会〔2016〕22号文规定，全面试行"营业税改征增值税"后，"营业税金及附加"科目名称调整为"税金及附加"科目，将以前的"房、车、地、印"全部从管理费用中调出。

二、应交增值税

（一）增值税概述

增值税的相关内容，如表3-10所示。

表3-10　增值税概述

概念	以商品（含应税劳务、应税行为）在流转过程中实现的增值额作为计税依据而征收的一种流转税。
征税范围	1. 境内销售货物。 2. 应税劳务：提供加工修理或修配劳务。 3. 应税服务：交通、邮政、电信、金融、现代、生活、建筑服务。 4. 应税行为：销售无形资产和不动产。 5. 进口货物。

（续上表）

纳税人	符合条件的一般纳税人和小规模纳税人（生产经营情况、会计健全程度两个条件）
税率	1. 基本税率17%：销售或进口货物、提供加工修理修配劳务，有形动产租赁。 2. 11%：交通运输、邮政、基础电信、建筑、不动产租赁，销售不动产、转让土地使用权；进口粮食、食用植物油、自来水等的低税率11%。 3. 6%：增值电信服务、金融服务、现代服务、生活服务、转让土地使用权以外无形资产。 4. 5%：简易办法计税的销售不动产、不动产经营租赁。 5. 3%：简易办法计税的除5%以外的情况，小规模征收率。 6. 零税率。
应纳税额计算	1. 一般计税方法：当期应纳税额＝当期销项税额－当期进项税额 （1）销项税额＝销售额×增值税税率 （2）"当期进项税额"是指纳税人当期购进货物、接受加工修理或修配劳务、应税服务、无形资产和不动产所支付或承担的增值税税额，包括：增值税进项发票、海关开具的完税凭证上注明的增值税税额、从农民购入农产品11%的扣除税率计算的进项税额、接受境外应税服务取得的解缴税款的税收缴款挂凭证上注明的增值税税额。 【提示】购进农产品的企业如果用于生产税率是11%的产品，按照11%抵扣进项税；如果用于生产税率是17%的产品，按照13%抵扣进项税。 2. 简易计税方法：按照销售额和征收率的乘积计算应纳税额。计算公式：应纳税额＝销售额×征收率 【提示1】当期销项税额小于当期进项税额不足抵扣时，其不足部分可以结转下期继续抵扣。 【提示2】小规模纳税人的征收率为3%。

（二）一般纳税人的账务处理

1. 增值税核算应设置的会计科目，科目设置如图3-2所示。

（1）应交税费——应交增值税的二级科目又包含了：进项税额、销售税额抵减、已交税金、转出未交增值税、减免税款、销项税额、出口退税、进项税额转出、转出多交增值税、简易计税十个项目专栏。

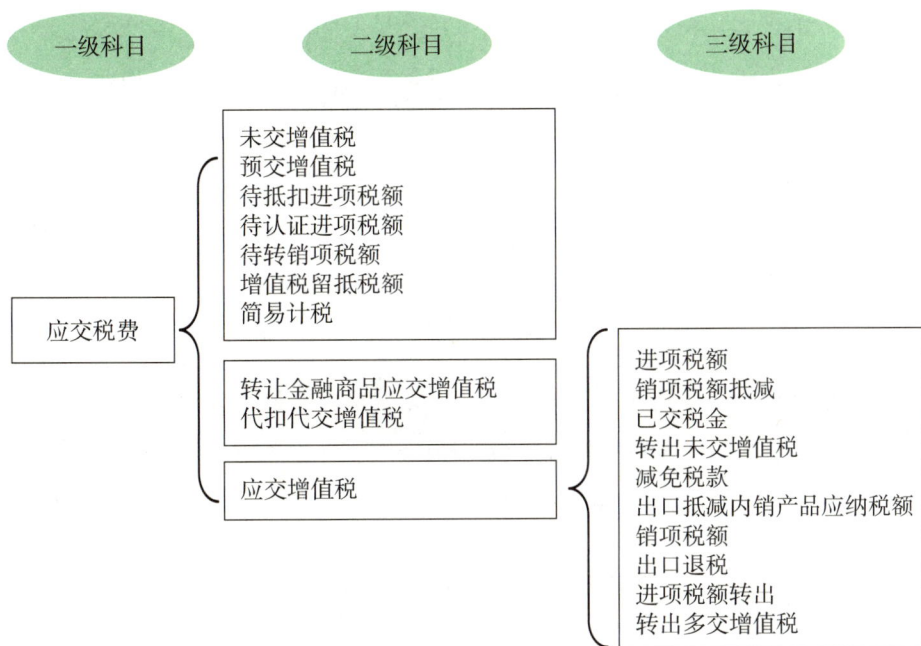

图3-2 应交税费科目设置

（2）应交税费——未交增值税：核算一般纳税人月度终了从"应交增值税"或"预交增值税"明细科目转入当月应交未交、多交或预缴的增值税额，以及当月交纳以前期间未交的增值税额。

（3）应交税费——预交增值税：核算一般纳税人转让不动产、提供不动产经营租赁服务、提供建筑服务、采用预收款方式销售自行开发的房地产项目等，按现行增值税制度规定应预缴的增值税额。

（4）应交税费——待抵扣增值税：核算一般纳税人已取得增值税扣税凭证并经税务机关认证，按照现行增值税制度规定准予以后期间从销项税额中抵扣的进项税额。

（5）应交税费——待认证进项税额：核算一般纳税人由于未经税务机关认证而不得从当期销项税额中抵扣的进项税额。包括：一般纳税人已取得增值税扣税凭证、按照现行增值税制度规定准予从销项税额中抵扣，但尚未经税务机关认证的进项税额；一般纳税人已申请稽核但尚未取得稽核相符结果的海关缴款书进项税额。

（6）应交税费——待转销项税额：核算一般纳税人销售货物、加工修理修配劳务、服务、无形资产或不动产，已确认相关收入（或利得）但尚未发生增值税纳税义务而需于以后期间确认为销项税额的增值税额。

（7）应交税费——增值税留抵税额：核算兼有销售服务、无形资产或者不动产的原增值税一般纳税人，截止到纳入营改增试点之日前的增值税期末留抵税额按照现行增值税制度规定不得从销售服务、无形资产或不动产的销项税额中抵扣的增值税留抵税额。

（8）应交税费——转让金融商品应交增值税：核算增值税纳税人转让金融商品发生的增值税额。

（9）应交税费——简易计税：核算一般纳税人采用简易计税方法发生的增值税计提、扣减、预缴、缴纳等业务。

（10）应交税费——代扣代缴增值税：核算纳税人购进在境内未设经营机构的境外单位或个人在境内的应税行为代扣代缴的增值税。

2. 取得资产、接受劳务，如表3-11所示。

表3-11　取得资产、接受劳务

正常采购业务	借：在途物资、原材料、库存商品、生产成本、无形资产、固定资产、管理费用等 　　应交税费——应交增值税（进项税额） 　贷：应付账款、应付票据、银行存款等 【提示1】购进货物等发生的退费，应根据税务机关开具的红字增值税专用发票编制相反的会计分录。 【提示2】企业购进农产品，除取得增值税专用发票或者海关进口增值税专用缴款书外，如用于生产税率为11%的产品，按照农产品收购发票或者销售发票上注明的农产品买价和11%的扣除率计算进项税额；如用于生产税率为17%的产品，按照农产品收购发票或者销售发票上注明的农产品买价和13%的扣除率计算进项税额。
购入不动产 （营改增后）	按现行增值税制度规定，自2016年5月1日后，一般纳税人取得并按固定资产核算的不动产或不动产在建工程，其进项税额自取得之日起分2年从销项税额中抵扣的，第一年抵扣比率为60%，第二年抵扣比率为40%（6:4比例）。 一般纳税人取得相关增值税专用发票并通过税务机关认证时，其进项税额按照现行增值税制度规定自取得之日起分两年从销项税额中抵扣，应按增值税专用发票上注明的增值税进项税额的60%作为当期可抵扣的进项税额，自抵扣当月起第13个月可抵扣的进项税额为剩余40%。

（续上表）

购入不动产 （营改增后）	借：固定资产、在建工程等 　　　应交税费——应交增值税（进项税额）（当期可抵扣60%） 　　　　　　　　　　——待抵扣进项税额（抵扣当期后第13个月可抵扣40%） 　　　贷：应付账款、应付票据、银行存款等 尚未抵扣的进项税额以后期间允许抵扣时： 借：应交税费——应交增值税（进项税额） 　　　贷：应交税费——待抵扣进项税额
进项税额转出	第一种情况：已单独确认进项税额的购进货物，加工修理修配劳务或者服务无形资产或者不动产，但其事后改变用途的。 借：待处理财产损溢 　　　应付职工薪酬 　　　贷：应交税费——应交增值税(进项税额转出) 【提示】非正常损失的进项税额转出需要经税务部门认证后，方可进行。 第二种情况：用于简易计税项目免征增值税项目，集体福利或个人消费等购进的货物，即使取得增值税专用发票上已注明增值税进项税额，按照现行增值税制度规定也不得从销项税额中抵扣。 1．取得该类业务相关的增值税专用发票时： 借：原材料、库存商品、无形资产、固定资产等 　　　应交税费——待认证进项税额 　　　贷：应收账款、应付票据、银行存款等 2．经税务部门认证为不能抵扣销项税时： 借：应交税费——应交增值税(进项税额) 　　　贷：应交税费——待认证进项税额 3．同时将购买商品的增值税计入相关成本费用中： 借：原材料、库存商品、无形资产、固定资产等 　　　贷：应交税费——应交增值税(进项税额转出)

3. 销售等业务的账务处理，如表3-12所示。

表3-12 销售等业务的账务处理

正常的销售业务	借：应收账款、应收票据、银行存款等 　　贷：主营业务收入 　　　　其他业务收入 　　　　固定资产清理 　　　　应交税费——应交增值税（销项税额） 【提示】发生销售退回时，应根据税务机关开具的红字增值税专用发票编制相反的会计分录。
收入确认与纳税义务不同步	第一步：确认收入，增值税待转： 借：应收账款、应收票据、银行存款 　　贷：主营业务收入 　　　　其他业务收入 　　　　应交税费—待转销项税额 第二步：实际发生纳税义务时： 借：应交税费——待转销项税额 　　贷：应交税费——应交增值税（销项税额） 【提示】会计收入先于税法的案例：分期收款、委托代销、预收货款（不动产）等。
视同销售	自产或委托加工的货物用于集体福利或个人消费	借：应付职工薪酬（含税价） 　　贷：主营业务收入 　　　　应交税费——应交增值税（销项税额） 同时：借：主营业务成本 　　　　　贷：库存商品 同时：借：管理费用、销售费用、生产成本等 　　　　　贷：应付职工薪酬（含税价）
	自产、委托加工或购买的货物用于非应税项目	借：在建工程（非应税项目） 　　贷：库存商品（成本价） 　　　　应交税费——应交增值税（销项税额或公允的市场价×税率）

（续上表）

视同销售	自产、委托加工或购买的货物用于投资、分配给股东或投资者	借：长期股权投资（含税价） 　　应付股利（含税价） 　　贷：主营业务收入 　　　　应交税费——应交增值税（销项税额） 同时：借：主营业务成本 　　　　贷：库存商品
	自产、委托加工或购买的货物用于无偿赠送他人	借：营业外支出 　　贷：库存商品（成本价） 　　　　应交税费——应交增值税（销项税额或公允的市场价×税率）

4. 交纳增值税

（1）交纳当月的增值税

借：应交税费——应交增值税（已交税金）

　　贷：银行存款

（2）交纳以前期间未交的增值税

借：应交税费——未交增值税

　　贷：银行存款

5. 月末转出多交增值税和未交增值税

（1）针对当月应交未交的增值税

借：应交税费——应交增值税（转出未交增值税）

　　贷：应交税费——未交增值税

（2）针对当月多交的增值税处理

借：应交税费——未交增值税

　　贷：应交税费——应交增值税（转出未交增值税）

6. 年末应交税费——应交增值税的账务处理

"应交增值税"科目，每月的明细科目借贷方余额可不结平，但在年底必须要结平各明细科目。

（1）结转进项税额：

借：应交税费——应交增值税——转出未交增值税

　　贷：应交税费——应交增值税（进项税额）

（2）结转销项税额：

借：应交税费——应交增值税（销项税额）

　　贷：应交税费——应交增值税——转出未交增值税

根据"应交税费——应交增值税——转出未交增值税"科目差值，转入"应交税费——未交增值税"科目借或贷。若"应交税费——未交增值税"科目借方有余额为有留抵的进项税；若贷方有余额，则为应交的税费。在下年缴纳时：

借：应交税费——未交增值税

　　贷：银行存款

提示

> 1. 增值税为价外税，缴纳增值税不影响企业的当期损益。
>
> 2. 出口退税通过"其他应收款"科目核算：
>
> 借：其他应收款
>
> 　　贷：应交税费——应交增值税（出口退税）

（三）小规模纳税人的账务处理

小规模纳税人核算增值税采用简化的方法，即购进货物、接受应税劳务和应税行为支付的增值税，一律不予抵扣，直接计入有关货物或劳务的成本。

销售货物、提供应税劳务和应税行为时，按照不含税的销售额和规定的增值税征收率计算应交纳的增值税，但不得开具增值税专用发票。

不含税销售额＝含税销售额÷（1+征收率）

应纳税额＝不含税销售额×征收率

小规模纳税人设置"应交税费—应交增值税"科目。

（四）差额征税的账务处理（2018年新增内容）

差额征税的账务处理，如表3-13所示。

表3-13 差额征税的账务处理

差额征税的使用范围	（1）金融商品转让业务。 （2）经纪代理服务。 （3）融资租赁和融资性售后回租业务。 （4）一般纳税人提供客运场站服务。 （5）试点纳税人提供旅游服务。 （6）选择简易计税方法提供建筑服务。
成本费用允许扣减销售额的情况下的账务处理	（1）发生成本费用时（有票按票，没票计算税）： 借：主营业务成本、工程施工 　　应交税费——应交增值税（销项税额抵减） 　　（或）应交税费——应交增值税（小规模纳税人） 　　贷：应付账款、银行存款 （2）纳税人确认收入时： 借：银行存款 　　贷：主营业务收入 　　　　应交税费——应交增值税（销项税额）
转让金融商品按照盈亏相抵后的差额计税账务处理	（1）处置金融资产的投资收益作为含税销售额缴纳金融服务的增值税 借：投资收益（投资收益净额÷（1+6%）×6%） 　　贷：应交税费——转让金融商品应交增值税 （2）如果处置金融资产亏损，预计下期通过其他金融资产的处置可以弥补回亏损时： 借：应交税费——转让金融商品应交增值税 　　贷：投资收益（投资收益净额÷（1+6%）×6%） （3）如果年度末处置金融资产的亏损还没有被弥补回来，不能将该金融资产的损失结转到下一年度： 借：投资收益（当年处置金融资产净损失的余额） 　　贷：应交税费——转让金融商品应交增值税 【注意】年末，如果"应交税费——转让金融商品应交增值税"科目的借方有余额，说明本年度的金融商品转让损失没有弥补回来，必须在年度末冲抵回来，冲抵后"应交税费——转让金融商品应交增值税"科目年度末无余额。

（续上表）

【解惑】为什么会有差额征税政策？根本原因是增值税是"增值"的税，如果成本部分不能取得进项税额，那就成了全额缴纳增值税，而不是"增值"税。在征管形式上，国家对无法取得增值税专用发票等扣税凭证，不能用进项税的抵扣形式申报，允许采取了从销项税额中抵减的办法。

（五）增值税税控系统专用设备和技术维护费用抵减增值税额的账务处理（政府补助行为）

增值税税控系统专用设备和技术维护费用抵减增值税额的账务处理，如表3-14所示。

表3-14　增值税税控系统专用设备和技术维护费用抵减增值税额的账务处理

初次购买税控专用设备抵减范围	增值税税控系统专用设备包括： 1.增值税专用发票税控系统设备：金税卡、IC卡、读卡器或金税盘、报税盘； 2.货物运输业增值税专用发票税控系统设备：税控盘、报税盘； 3.机动车销售统一发票税控系统设备：税控盘、报税盘； 4.公路、内河货物运输发票税控系统设备：税控盘、传输盘。 【提示】增值税税控系统专用设备不包括打印机。
账务处理	1.初次购入增值税税控系统专用设备时： 借：固定资产 　　管理费用（实务中多数费用化） 　　贷：银行存款、应付账款 按规定抵减的增值税应纳税额： 借：应交税费——应交增值税（减免税款） 　　应交税费——应交增值税（小规模纳税人） 　　贷：管理费用 2.后期企业发生增值税税控系统专用设备技术维护费时： 借：管理费用 　　贷：银行存款

（续上表）

账务处理	按规定抵减的增值税应纳税额： 借：应交税费——应交增值税（减免税款） 　　应交税费——应交增值税（小规模纳税人） 　　贷：管理费用

三、应交消费税

消费税的概念和账务处理，如表3-15所示。

表3-15　消费税的概念和账务处理

概念	消费税是指在我国境内生产、委托加工和进口应税消费品的单位和个人，按流转额交纳的一种税。
账务处理	1．账务处理通过"税金及附加"科目核算： 借：税金及附加 　　贷：应交税费——应交消费税 2．自产自用应税消费品 企业将生产的应税消费品用于在建工程等非生产机构时，按规定应交纳的消费税应转入在建工程项目成本。 3．消费税的考点业务——委托加工物资收回的处理 （1）直接销售：计入委托加工物资成本 借：委托加工物资 　　贷：应交税费——应交消费税 （2）继续加工应税消费品：计入"应交税费——应交消费税"科目的借方 借：应交税费——应交消费税 　　贷：应付账款
【提示】消费税的征收方法有从价定率、从量定额和从价定额复合计税三种。	

四、其他应交税费

其他应交税费包括资源税、土地增值税、印花税、房产税、城镇土地使用税、车船税等方面，详见表3-16。

表3-16 其他应交税费

概述	资源税、土地增值税、印花税、房产税、城镇土地使用税、车船税。上述税费2018年统一调整到"税金及附加"科目中核算，分录： 借：税金及附加 　　贷：相关税费	
应交资源税	概念	是对在我国境内开采应税产品，或者生产盐的单位和个人征收的税。
	账务处理	1．对外销售矿产品应交纳的资源税分录： 借：税金及附加 　　贷：应交税费——应交资源税 2．自产自用应税矿产品，应交纳的资源税时： 借：生产成本　制造费用 　　贷：应交税费——应交资源税
应交城市维护建设税		城市维护建设税是以增值税和消费税为计税依据征收的一种税。税率因纳税人所在地不同，从1%~7%不等。企业即征即退、即征即返交纳的城市维护建设税不予退还。 账务处理如下： 借：税金及附加 　　贷：应交税费——应交城市维护建设税 交纳城建税时： 借：应交税费——应交城市维护建设税 　　贷：银行存款
应交教育费附加	概念	教育费附加是为了发展教育事业，而向企业征收的附加费用，企业按应交流转税的一定比例计算缴纳（地税的微型企业免收该税）。

（续上表）

应交教育费附加	账务处理	借：税金及附加 　　贷：应交税费——应交教育费附加 交纳教育费附加： 借：应交税费——应交教育费附加 　　贷：银行存款
应交土地增值税	概念	土地增值税是对转让国有土地使用权、地上的建筑物及其附属附着物，应取得增值性收入的单位和个人征收的一种税。土地增值税按照转让房地产所取得的增值额和规定的税率计算征收。
	账务处理	1．土地使用权连同地上建筑物及其附着物，一并在"固定资产"科目核算的企业处置时： 借：固定资产清理 　　贷：应交税费——应交土地增值税 2．土地增值税在"无形资产"科目核算的企业处置资产时： 借：银行存款 　　累计摊销 　　无形资产减值准备 　　贷：无形资产 　　　营业外收入（或营业外支出在借方）
应交房产税、城镇土地使用税、车船税	概念	1．房产税是国家对在城市县城、建制镇和工矿区征收的由产权所有人缴纳的一种税。房产税依照房产原值一次减除10%～30%后的余额计算缴纳，税率为1.2%。房屋出租的，以房产租金收入为房产税的计税依据，税率为12%（有可扣除项目）。 2．城镇土地使用税是以城市、县城、建制镇和矿区范围内，使用土地的单位和个人为纳税人，以其实际占用的土地面积和规定的税率计算征收的税。 3．车船税是以车辆船舶为课税对象，将船舶的所有人或管理者征收的一种税。

（续上表）

应交房产税、城镇土地使用税、车船税	账务处理	1．发生上述税种的应税义务时： 借：税金及附加 　　贷：应交税费——应交房产税 　　　　　　　　——应交城镇土地使用税 　　　　　　　　——应交车船税 2．实际缴纳上述税款时： 借：应交税费——应交房产税 　　　　　　——应交城镇土地使用税 　　　　　　——应交车船税 　　贷：银行存款
个人所得税	概念	我国的个人所得税是就我国境内取得的所得征收的一种税。为了减少纳税人的税收痛苦感，我国的个人所得税实行代扣代缴方式和自行申报（高收入）征收。
	账务处理	1．企业实发工资时，代扣代缴个人所得税： 借：应付职工薪酬——工资、奖金、津贴和补贴 　　贷：应交税费——应交个人所得税 2．实际缴纳时： 借：应交税费——应交个人所得税 　　贷：银行存款等

【提示】契税、车辆购置税、耕地占用税是直接缴纳的税种，不需要通过"应交税费"科目核算，纳税义务发生时直接计入相关资产的成本之中。不需要预提的印花税、耕地占用税也不通过"应交税费"科目核算。

第四章　所有者权益

所有者权益的概念和特点，如表4-1所示。

表4-1　所有者权益的概念和特点

概念	是指企业资产扣除负债后由所有者权益所有者享有的剩余权益，包括五大模块：1．实收资本；2．资本公积；3．盈余公积；4．未分配利润；5．其他综合收益。（初级会计实务只讲解1、2、3、4）
特点	1．是企业筹集资金的途径之一，并以此才能参与企业利润的分配。 2．除非发生减资、清算或分派现金股利，企业不需要偿还所有者权益。 3．企业清算时，只有在清偿所有的负债后，所有者权益才返还给所有者。

第一节　实收资本

一、实收资本概述

实收资本是指企业按照章程规定或合同协议规定接受投资者投入企业的资本。我国《公司法》规定，股东可以用货币出资，也可以用实物、知识产权、土地使用权等，可以用货币估价，并可以依法转让的非货币财产作价出资。

二、实收资本的账务处理

（一）接受现金资产、非现金资产投资

接受现金资产、非现金资产投资的账务处理，如表4-2所示。

表4-2　接受现金资产、非现金资产投资的账务处理

现金资产的投资	非股份有限公司	借：银行存款等 　　贷：实收资本（按投资合同或协议约定的投资者在企业注册资本中所占份额的部分） 　　　　资本公积——资本溢价（差额）
	股份有限公司	借：银行存款等 　　贷：股本（按每股股票面值和发行股份总额的乘积计算的金额） 　　　　资本公积——股本溢价（差额）
非现金资产的投资	固定资产投资	企业接受投资者作价投入的房屋、建筑物、机器设备等固定资产，应按投资合同或协议约定价值确定固定资产价值（但投资合同或协议约定价值不公允的除外）和在注册资本中应享有的份额。 借：固定资产（公允价值——投资合同或协议约定的价值，不公允的除外） 　　应交税费——应交增值税（进项税额） 　　贷：实收资本（或者股本） 　　　　资本公积——资本溢价（或者股本溢价）（差额）
	材料物资的投资	借：原材料(公允价值——投资合同或协议约定的价值，不公允的除外） 　　应交税费——应交增值税（进项税额） 　　贷：实收资本（或股本） 　　　　资本公积——资本溢价（或者股本溢价）（差额）
	无形资产投资	借：无形资产（公允价值按合同或协议约定的价值，不公允的除外） 　　贷：实收资本(或股本) 　　　　资本公积——资本溢价（或股本溢价）（差额）

（续上表）

资本公积、盈余公积转增资本	资本公积转赠资本	借：资本公积 　　贷：实收资本（或股本）
	盈余公积转赠资本	借：盈余公积 　　贷：实收资本（或股本）
	发放股票股利增资	借：利润分配——转作股本的股利 　　贷：股本

【提示1】追加投资产生的实收资本的溢价，记入"资本公积——资本溢价"科目，增资的发行费用从溢价收入中扣除；溢价金额不够扣除的，或者属于按面值发行无溢价的，依次冲减盈余公积和未分配利润（会计核算中的通用规律）。

【提示2】注册公司认缴制改革后，企业的注册资金没有了限制，实收资本的缴纳时间也放宽，所有者缴纳注册资金时，企业登记实收资本（股本）增加同时需要缴纳实收资本或股本的印花税。

（二）实收资本的减少

企业减少实收资本应按法定程序报经批准，股份有限公司采用收购本公司股票方式减资。其账务处理如表4-3所示。

表4-3　实收资本的减少

回购减资		账务处理
回购时		借：库存股（每股市场回购价格×注销股数） 　　贷：银行存款
注销时	购回股票支付的价款高于面值总额	借：股本（每股面值×注销股数） 　　　资本公积——股本溢价 　　　盈余公积（资本公积不够冲时） 　　　利润分配——未分配利润 　　贷：库存股（每股回购价格×注销股数）
	购回股票支付的价款低于面值总额	借：股本（每股面值×注销股数） 　　贷：库存股（每股回购价格×注销股数） 　　　资本公积——股本溢价（差额）

1. 库存股一般是指"存在库房里的股票"，也就是处于未发行状态的股票。属于所有者权益的备抵科目，类似折旧是固定资产的备抵科目一样。

2. 库存股作为所有者权益抵减项，列示在所有者权益项目中。

3. 会计核算的永恒规律：冲减资本公积不够冲的时候，冲减盈余公积和未分配利润。

第二节 资本公积

一、资本公积概述

资本公积的概念、分类和作用，如表4-4所示。

表4-4 资本公积的概念、分类和作用

概念	是企业收到投资者出资额超出其在注册资本（或股本）中所占份额的部分，以及其他资本公积等。	
分类	资本溢价	实收资本在企业产生的时间溢价和由企业的人力资源所产生的价值溢出，或者是投资者超额缴入的资本。（择校费）
	其他资本公积	指除净损益、其他综合收益和利润分配以外所有者权益的其他变动。主要指权益结算的股份支付。（企业给明星员工的激励股权所产生的的溢价）
作用	1．增加资本（或股本）。 2．不能弥补亏损（非作用的考点）。	

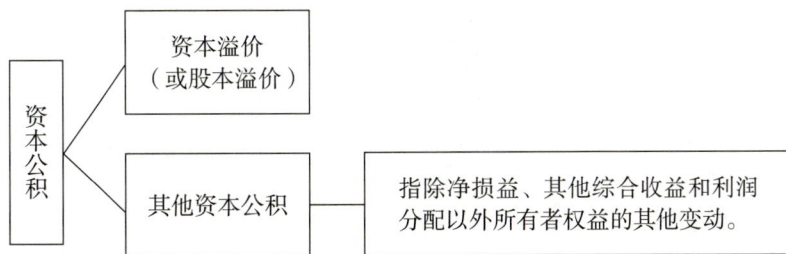

图4-1 资本公积的分类

二、资本公积的账务处理

（一）资本溢价（或股本溢价）

资本溢价的核算，如表4-5所示。

表4-5 资本溢价的核算

资本溢价	指企业收到投资者超过其在企业注册资本或股本中所占份额的投资（实收资本的时间溢价）。
股票溢价	考点——发行股票相关的手续费、佣金等交易费用： 1. 溢价发行股票的，应从溢价中抵扣，冲减资本公积（股本溢价）； 2. 无溢价发行股票或溢价金额不足以抵扣的，应将不足抵扣的部分冲减盈余公积和未分配利润。
账务处理	借：银行存款 　　贷：股本／实收资本 　　　　资本公积——股本溢价（差额）／资本溢价
【考点汇总】"资本公积——资本（股本）溢价"科目的核算业务还有三类： 1. 回购本公司股票回购价低于面值时会形成"资本公积——资本（股本）溢价"； 2. 可转换公司债在转为股份时会形成"资本公积——资本（股本）溢价"； 3. 企业在进行债务重组时会形成"资本公积——资本（股本）溢价"。	

（二）其他资本公积

其他资本公积的核算，如表4-6所示。

表4-6 其他资本公积的核算

形成方式	长期股权投资采用权益法核算方式下	根据持股比例确认的因被投资单位除净损益，其他综合收益和利润分配以外所有者权益的其他变动，形成的投资方的其他资本公积。投资企业根据持股比例应享有的份额。分录如下： 借：长期股权投资——其他权益变动 　　贷：资本公积——其他资本公积（或作相反的分录） 【提示】权益法核算的四个账本（初始计量、损益调整、其他综合收益、其他资本公积）之一。

（续上表）

形成方式	以权益结算的股份支付下形成	以权益结算的股份支付（中级会计——初级知识延展）在给被激励员工低价分股份时（行权日），企业应按照约定的价格授予奖励对象。分录如下： 借：银行存款（员工低价购股票支付的金额） 　　资本公积——其他资本公积 　贷：股本 　　　资本公积——股本溢价（差额）

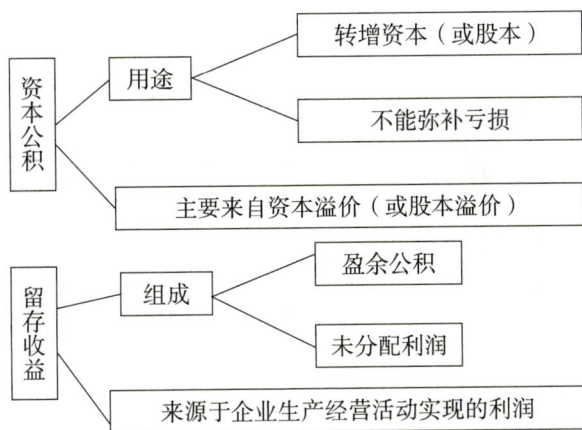

图4-2　资本公积和留存收益

（三）资本公积转增资本

经股东大会或类似机构决议，用资本公积转增资本时：

借：资本公积

**　贷：实收资本（股本）**

提示

　　资本公积转增资本：所有者权益项目不发生变动，留存收益项目也不发生变动。

【知识串联】其他综合收益的核算

反映企业根据企业会计准则规定未在损益中确认的各项利得和损失扣除所得税影

响后的净额（1到3类其他综合收益的业务，初级必须记住）。

1. 长期股权投资采用权益法核算。

2. 可供出售金融资产公允价值变动形成的差额。

3. 自用房产或房地产企业的存货转为采用公允价值模式计量的投资性房地产。

4. 金融资产的重分类形成的利得和损失（中级考点——初级延展）。

5. 可供出售外币非货币性金融资产的汇兑差额（中级知识——初级延展）。

6. 现金流量套期工具利得和损失中属于有效套期部分（中级知识——初级延展）。

7. 计入所有者权益项目相关的所得税影响所形成的利得和损失（中级知识——初级延展）。

> **提示**
>
> 后续用公允价值计量的三个资产，只有可供出售金融资产的公允价值变动计入"其他综合收益"科目，其他两个的变动都计入"公允价值变动损益"科目。

第三节 留存收益

一、留存收益概述

（一）留存收益的分类

留存收益的分类，详见图4-3。

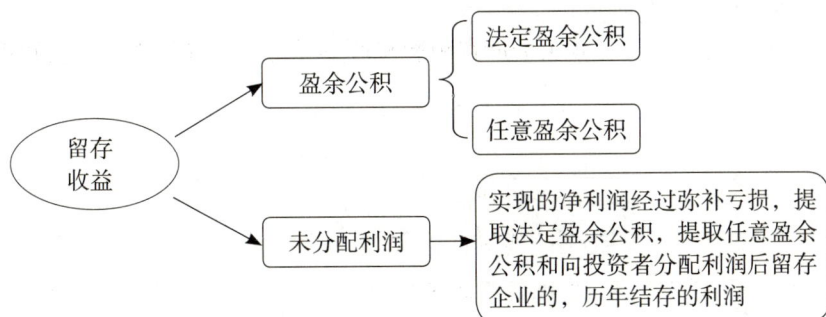

图4-3 留存收益的分类

提示

1. 法定盈余公积：按照法律规定比例计提，目前规定按净利润（弥补以前年度亏损后）的10%计提。任意盈余公积由企业自行决定是否计提。

2. 法定盈余公积金是按当期税后利润的10%提取，累计达到注册资本50%以上可不再提取。

（二）利润分配的顺序

利润分配的顺序，如图4-4所示。

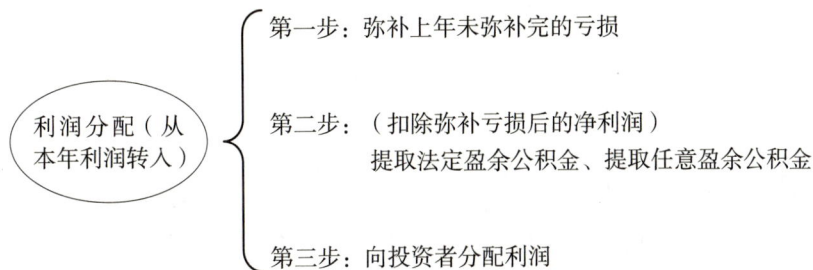

图4-4 利润分配的顺序

> **提示**
>
> 1. 第一步计算的是"期末可供分配的利润"＝当期实现的净利润（或净亏损）＋期末未分配利润（或－期末未弥补亏损）＋其他转入（如盈余公积补亏）。
>
> 2. 第二步计算的是"期末可供投资者分配的利润"＝期末可供分配利润－提取的盈余公积。
>
> 3. 第三步计算的是"期末未分配利润"＝期末可供投资者分配的利润－给投资者分配的现金股利或利润，分配的股票股利等。

留存收益与利润分配的相关内容如图4-5所示：

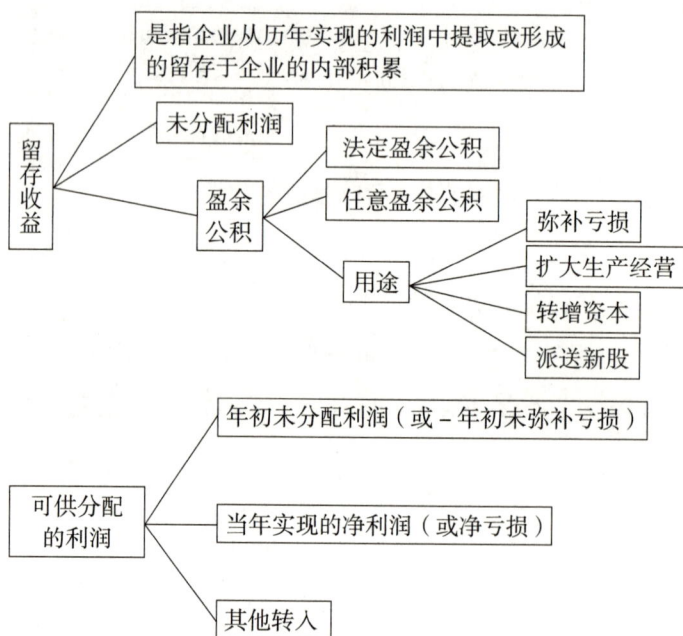

图4-5　留存收益与利润分配相关内容

二、留存收益的账务处理

（一）利润分配

年度终了，首先将损益类科目的余额都转入"本年利润"科目，然后将本年利润科目余额都转入"利润分配——未分配利润"科目。

结转后，"利润分配——未分配利润"科目若为贷方余额，表示累积未分配的利润数额，作为借方余额，则表示累积弥补亏损数。

1. 利润分配为贷方余额时（盈利）：通常要将企业实现的利润进行分配。

借：利润分配——提取法定盈余公积

　　　　　——提取任意盈余公积

　　　　　——应付现金股利

　　贷：盈余公积——法定盈余公积

　　　　　　——任意盈余公积

　　　　　　——应付股利

2. 分配结束后将利润分配其他各明细科目余额转入"利润分配——未分配利润"科目。

借：利润分配——未分配利润

　　贷：利润分配——提取法定盈余公积

　　　　　　——提取任意盈余公积

　　　　　　——应付现金股利

年度终了需要将"本年利润分配——应付现金股利""利润分配——盈余公积补亏""利润分配——提取法定盈余公积"等科目余额转入"利润分配——未分配利润"科目。年度终了，除"未分配利润明细"科目外，"利润分配科目"下的"其他明细"科目应当无余额。

3. 利润分配为借方余额（亏损）时：企业不作任何的分配，等待用后期五年内的利润予以弥补。

（二）盈余公积

盈余公积是指企业按照有关规定从净利润中提取的积累资金。按照我国《公司法》有关规定，公司制企业应按照净利润（减弥补以前年度亏损，下同）的10%提取法定盈余公积。非公司制企业法定盈余公积的提取比例可超过净利润的10%。法定盈余公积累计额已达注册资本的50%时可以不再提取。企业提取的盈余公积经批准可用于弥补亏损、转增资本、发放现金股利或利润等。盈余公积的核算如表4-7所示。

表4-7　盈余公积的核算

内容	核算
提取盈余公积	借：利润分配——提取法定盈余公积，提取任意盈余公积 贷：盈余公积——法定盈余公积，任意盈余公积
盈余公积补亏	借：盈余公积 贷：利润分配——盈余公积补亏
盈余公积转增资本	借：盈余公积 贷：股本（或实收资本）
用盈余公积宣告发放现金股利或利润	借：盈余公积 贷：应付股利

提示

期末盈余公积＝期初盈余公积＋本期贷方发生额（提取）－本期借方发生额（盈余公积补亏、转增资本、发放现金股利或利润等）；盈余公积的主要用途是弥补亏损、转增资本、发放现金股利和利润等。

【知识汇总】对留存收益和所有者权益影响与否，详见表4-8。

表4-8　对留存收益和所有者权益影响与否的考点汇总

业务内容	业务解释	留存收益总额	所有者权益总额
当期实现净利润	损益类结转	增加	增加
当期发生亏损	损益类结转	减少	减少
提取盈余公积	借：利润分配——提取盈余公积 贷：盈余公积	不影响	不影响

（续上表）

业务内容	业务解释	留存收益总额	所有者权益总额
宣告分配现金股利	借：利润分配——应付现金股利 　贷：应付股利	减少	减少
实际发放现金股利	借：应付股利 　贷：银行存款	不影响	不影响
宣告分配股票股利	不做账务处理	不影响	不影响
实际发放股票股利	借：利润分配——转作股本的股利 　贷：股本	减少	不影响
资本公积转增资本	借：资本公积 　贷：实收资本／股本	不影响	不影响
盈余公积转增资本	借：盈余公积 　贷：实收资本／股本	减少	不影响
盈余公积派送新股	借：盈余公积 　贷：股本	减少	不影响
盈余公积补亏	借：盈余公积 　贷：利润分配——盈余公积补亏	不影响	不影响
税后利润补亏	无单独会计处理	不影响	不影响
盈余公积分配现金股利和利润	借：盈余公积 　贷：应付股利——应付现金股利	减少	减少
回购股票	借：库存股 　贷：银行存款	不影响	减少

（续上表）

业务内容	业务解释	留存收益总额	所有者权益总额
注销库存股	借：股本 　　资本公积——股本溢价（可能在贷方） 　　盈余公积 　　利润分配——未分配利润 　　贷：库存股	（影响） 高于面值回购时股本溢价不足以冲减的，减少留存收益	不影响
盘盈固定资产	借：固定资产 　　贷：以前年度损益调整 借：以前年度损益调整 　　贷：盈余公积 　　　　利润分配——未分配利润	增加期初留存收益	增加期初所有者权益

第五章 收入、费用和利润

第一节 收入

一、销售商品收入

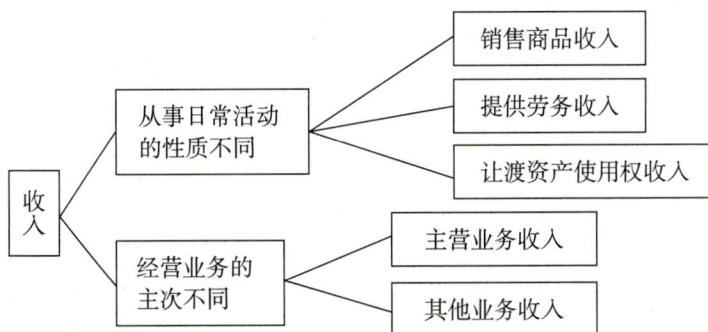

图5-1 收入的分类

销售商品收入的确认，详见表5-1。

表5-1 销售商品收入的确认

销售商品收入确认条件	1．企业已将商品所有权上的主要风险和报酬转移给购货方。 2．企业既没有保留通常与所有权相联系的继续管理权，也没有对已售出的商品实施有效控制。 　　在通常情况下，企业售出商品满足上述条件1和2的，通常应在发出商品时确认收入。如果商品所有权上的主要风险和报酬没有转移，销售交易不能成立，不能确认收入，例如售后租回。

（续上表）

销售商品收入确认条件	3. 相关的经济利益很可能流入企业（50%＜可能性≤95%）。 　　如果企业根据以前与买方交往的直接经验判断买方信誉较差，或销售时得知买方在另一项交易中发生巨额亏损、资金周转十分困难，就不应确认收入。 极小可能：0＜可能性≤5%； 可能：5%＜可能性≤50%； 很可能：50%＜可能性≤95%； 基本确定：95%＜可能性＜100%。 4. 收入的金额能够可靠地计量。 5. 相关的已发生或将发生的成本能够可靠地计量。 【提示】销售商品相关的已发生或将发生的成本不能够合理地估计，此时企业不应确认收入，若已收到价款，应将已收到的价款确认为负债。
一般销售商品业务收入的处理	1. 销售商品采用托收承付方式的，在办妥托收手续时确认收入。 2. 交款提货销售商品的，在开出发票账单收到货款时确认收入。 【提示】在这种方式下，购货方支付货款取得提货单，企业尚未交付商品，销售方保留的是商品所有权上的次要风险和报酬，商品所有权上的主要风险和报酬已经转移给购货方，通常应在开出发票账单收到货款时确认收入。
已发货但不符合收入确认条件	如果企业售出商品不符合销售商品收入确认的5个条件中的任何一条，均不应确认收入。企业应增设"发出商品"科目核算已经发出但尚未确认销售收入的商品成本。发出商品不符合收入确认条件时： 1. 如果销售该商品的纳税义务已经发生，比如已经开出增值税专用发票，则应确认应交的增值税销项税额。 借：应收账款 　　贷：应交税费——应交增值税（销项税额） 2. 如果纳税义务没有发生，则不需进行上述处理。 【提示】发出的商品后期符合收入确认条件时，切记结转成本时要贷记"发出商品"科目。

（续上表）

商业折扣、现金折扣的处理	商业折扣	1. 企业销售商品涉及商业折扣的，应当按照扣除商业折扣后的金额确定销售商品收入金额。 2. 商业折扣在销售时已发生，不构成最终的成交价格，应当按照扣除商业折扣后的金额确定销售商品收入金额。 3. 折扣发生在销售收入之后，不是商业折扣，叫销售折让。
	现金折扣	企业销售商品涉及现金折扣的，应当按照扣除现金折扣前的金额确定销售商品收入金额。现金折扣在实际发生时计入当期财务费用。 在计算现金折扣时，还应注意销售方是按不包含增值税的价款提供现金折扣，还是按包含增值税的价款提供现金折扣，两种情况下购买方享有的折扣金额不同。 （见下表）
销售折让和销售退回的账务处理	销售折让	是指企业因售出商品的质量不合格等原因而在售价上给予的减让。 1. 确认收入后发生折让的，在折让当期冲减当期的销售收入即可，没有退货，不存在冲减成本（不考虑资产负债表日后事项）。 2. 确认收入前发生折让的，比照前边的商业折扣处理，在确认收入时直接扣减折扣（不考虑资产负债表日后事项）。

目的	尽快回笼资金
符号	用"折扣率/付款期限"表示，例如，"2/10，1/20，N/30"
确认收入	扣除现金折扣前的金额确定
科目	财务费用
注意	折扣包含增值税
	折扣不包含增值税

（续上表）

销售折让和销售退回的账务处理	销售退回	两种情况（不属于资产负债日后事项）： 1．未确认收入的售出商品发生的销售退回，冲回"发出商品"科目。 2．已确认收入的售出商品发生的销售退回，冲减退回当期的"主营业务收入""主营业务成本"。 【提示】和销售折让的共同点是都冲减当期的"主营业务收入"；区别是销售退回冲减退回当期的"主营业务成本"科目。 账务处理： 1．对于未确认收入的售出商品发生的销售退回： 借：库存商品 　　贷：发出商品 若原发出商品时增值税纳税义务已发生： 借：应交税费——应交增值税（销项税额） 　　贷：应收账款 2．对于已确认收入的售出商品发生的销售退回： 借：主营业务收入 　　应交税费——应交增值税（销项税额） 　　贷：银行存款 　　　　财务费用（退回现金折扣） 借：库存商品 　　贷：主营业务成本
采用预收款方式销售商品的处理		预收账款销售方式下，销售方直到收到最后一笔款项才将商品交付购货方，表明商品所有权上的主要风险和报酬只有在收到最后一笔款项时才转移给购货方，销售方通常应在发出商品时确认收入，在此之前预收的货款应确认为预收账款。
采用支付手续费方式委托代销商品的处理		采用支付手续费委托代销方式下，委托方在发出商品时通常不应确认销售商品收入，而应在收到受托方开出的代销清单时确认为销售商品收入，同时应将支付的代销手续计入销售费用。 受托方应在代销商品销售后，按合同或协议约定的方式计算确定代销手续费，确认劳务收入。

（续上表）

	委托方	受托方
采用支付手续费方式委托代销商品的处理	1．发出商品时： 借：委托代销商品（委托发商品） 　　贷：库存商品 2．收到受托方开具的代销清单根据已售商品确认收入： 借：应收账款 　　贷：主营业务收入 　　　　应交税费——应交增值税（销项税额） 借：主营业务成本 　　贷：委托代销商品（发出商品） 3．确定代销手续费： 借：销售费用 　　贷：应收账款 4．收回货款时： 借：银行存款 　　贷：应收账款	1．发出商品时： 借：受托代销商品 　　贷：受托代销商品款 2．收到受托方开具的代销清单根据已售商品确认收入： 借：银行存款 　　贷：受托代销商品 　　　　应交税费——应交增值税（销项税额） 借：受托代销商品款 　　贷：应付账款 3．确定代销手续费： 借：应交税费——应交增值税（进项税额） 　　贷：应付账款 借：应付账款 　　贷：其他业务收入（手续费） 4．收回货款时： 借：应交税费——应交增值税（进项税额） 　　贷：应付账款
销售材料等存货的处理	企业在日常活动中还可能发生对外销售不需用的原材料、随同商品对外销售单独计价的包装物等业务。 【总结1】通过"其他业务收入"科目核算的业务有"一代两销三出租"，一代：受托代销商品；二销：包括销售材料、销售单独计价的包装物；三出租：出租包装物和商品，出租固定、无形资产，出租投资性房地产资产等实现的收入。 【总结2】通过"其他业务成本"科目核算的业务包括销售材料的成本、出租固定资产的折旧额、出租无形资产的摊销、出租包装物的成本或摊销额。	

二、提供劳务收入

企业提供劳务的种类很多，有的劳务是一次就能完成，且一般为现金交易，在完成时直接确认收入；有的劳务需要花费一段较长的时间才能完成，企业确认劳务收入的原则就需要根据劳务完成时间的不同来分情况确认，如表5-2所示。

表5-2　提供劳务收入的确认

在同一会计期间内开始并完成的劳务	劳务交易完成时确认收入： 1．企业对外提供劳务发生的支出： 借：劳务成本 　　贷：银行存款、应付职工薪酬 2．待确认为费用时： 借：主营业务成本 　　其他业务成本 　　贷：劳务成本	
劳务的开始和完成分属不同的会计期间	提供劳务交易结果能够可靠计量	应采用完工百分比法确认提供劳务收入。完工百分比法需要同时满足下列条件的，认定为提供劳务交易的结果能够可靠计量： （1）收入的金额能够可靠地计量。 （2）相关的经济利益很可能流入企业。 （3）交易的完工进度能够可靠地确定。 （4）交易中已发生和将发生的成本能够可靠地计量。 【提示】实则是商品销售收入确认的5个条件，减2加1（减掉所有权上的主营风险和报酬转移、没有保留通常与所有权相关的继续保留权这两个商品销售收入的特色条件；增加了劳务收入确认的特点：完工进度能够可靠地确定）。 　　企业可以根据提供劳务的特点，选用下列方法确定提供劳务交易的完工进度： （1）已完工作的测量。 （2）已经提供的劳务占应提供劳务总量的比例。 （3）已经发生的成本占估计总成本的比例。 完工进度的使用注意项（是时间的累计）： 本期确认的收入＝劳务总收入×本期末止劳务的完工进度－以前期间已确认的收入

（续上表）

劳务的开始和完成分属不同的会计期间	提供劳务交易结果能够可靠计量	本期确认的费用＝劳务总成本×本期末止劳务的完工进度－以前期间已确认的费用 【常识】财税【2017】58号《关于建筑服务等营改增试点政策的通知》规定，纳税人提供建筑服务，取得预收款，应在收到预收款时，已取得预收款扣除支付的分包款后的余额，按照规定的预征率预征增值税。适用一般计征方法计税的项目预征率为2%，适用简易计税方法计税的项目预征率为3%。
	提供劳务交易结果不能可靠估计	如劳务的开始和完成分属不同的会计期间，且企业在资产负债表日提供劳务交易结果不能可靠计量的，不能采用完工百分比法确认提供劳务收入。企业应当正确预计已经发生的劳务成本能否得到补偿，分为下列情况处理： （1）已经发生的劳务成本预计全部能够得到补偿的，应按已收或预计能够收回的金额确认提供劳务收入，并结转已经发生的劳务成本。 （2）已经发生的劳务成本预计部分能够得到补偿的，应按能够得到部分补偿的劳务成本金额确认提供劳务收入，并结转已经发生的劳务成本。 （3）已经发生的劳务成本预计全部不能得到补偿的，应将已经发生的劳务成本计入当期损益（主营业务成本或其他业务成本），不确认提供劳务收入。

三、让渡资产使用权收入

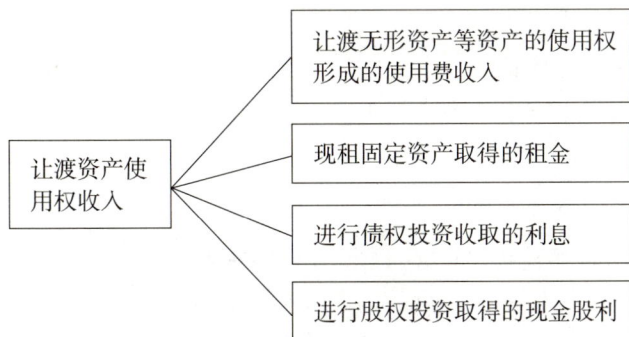

图5-2　让渡资产使用权收入

让渡资产使用权收入的确认详见表5-3。

表5-3 让渡资产使用权收入的确认

收入的 确认和 计量	让渡资产使用权收入主要指让渡无形资产等资产的使用权形成的使用费收入，出租固定资产取得的租金，进行债权投资收取的利息，进行股权投资取得的现金股利等，也构成让渡资产使用权的使用费收入。这里主要涉及让渡无形资产等资产使用权的使用费收入的核算。让渡资产使用权的使用费收入同时满足下列条件的，才能予以确认： 1. 相关的经济利益很可能流入企业。 2. 收入的金额能够可靠地计量。 （1）如果合同或协议规定一次性收取使用费： ①不提供后续服务的，应当视同销售该项资产一次性确认收入； ②提供后续服务的，应在合同或协议规定的有效期内分期确认收入。 （2）如果合同或协议规定分期收取使用费的，应按合同或协议规定的收取时间和金额或规定的收费方法计算确定的金额分期确认收入。 【提示1】注意和分期销售商品收入时间的确认要区分开来。 【提示2】去掉销售商品收入确认的特点和劳务收入确认的特点，剩下的两个。
账务 处理	1. 企业确认让渡资产使用权的使用费收入时： 借：银行存款 　　应收账款等 　　贷：其他业务收入 2. 企业对所让渡资产计提摊销： 借：其他业务成本 　　贷：累计摊销等 　　如果合同或协议规定一次性收取使用费，且不提供后续服务的，应当视同销售该项资产一次性确认收入；提供后续服务的，应在合同或协议规定的有效期内分期确认收入。 　　如果合同或协议规定分期收取使用费的，通常应按合同或协议规定的收款时间和金额或规定的收费方法计算确定的金额分期确认收入。

第二节 费用

表5-4 收入与费用对比表

	收入	费用
日常活动	√	√
所有者权益	增加	减少
经济利益	总流入	总流出
其他	投入资本无关	分配利润无关

一、营业成本

营业成本的组成内容如图5-3所示。

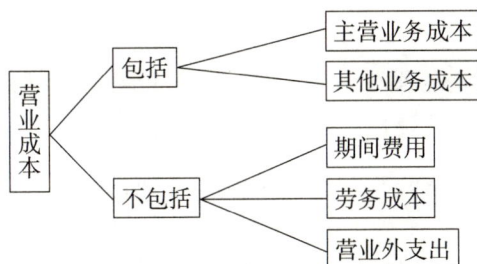

图5-3 营业成本的组成

营业成本的核算，详见表5-5。

表5-5 营业成本的核算

主营业务成本的核算	是指企业销售商品、提供劳务等经常性活动所发生的成本。账务处理： 借：主营业务成本 　　　存货跌价准备

（续上表）

主营业务成本的核算	贷：库存商品 　　借：本年利润 　　　　贷：主营业务成本 结转后该科目无余额。
其他业务成本的核算	包括销售材料的成本、出租固定资产的折旧额、出租无形资产的摊销额、出租包装物的成本或摊销额等。基本账务处理： 　　借：其他业务成本 　　　　贷：原材料 　　　　　　周转材料 　　　　　　累计折旧（累计摊销） 　　　　　　银行存款等 　　借：本年利润 　　　　贷：其他业务成本 结转后该科目无余额。 【知识串联】"其他业务成本"科目核算的业务：一代两售三出租。

二、税金及附加

税金及附加是指企业经营活动应负担的相关税费，包括消费税、城市维护建设税、教育费附加、资源税、城镇土地使用税、房产税、车船税、印花税、矿产资源补偿费和房地产开发企业销售房地产应缴纳的土地增值税等。（不包括增值税和所得税）

房产税、车船税、城镇土地使用税、印花税原在"管理费用"科目核算的四税一费，现全部转入"税金及附加"科目核算。

企业应通过"税金及附加"科目，核算企业经营活动相关税费的发生和结转情况。该科目借方登记企业经营业务发生的各项营业税费，贷方登记期末结转入本年利润的营业税费，结转后该科目应无余额。

　　借：税金及附加
　　　　贷：应交税费——应交消费税
　　　　　　　　　　　——应交城建税等

三、期间费用

期间费用的概念和内容详见表5-6。

表5-6 期间费用的概念和内容

概念	指企业日常活动发生的不能计入特定核算对象的成本，而应计入发生当期损益的费用。
销售费用	是指企业在销售商品和材料、提供劳务过程中发生的各项费用，包括保险费、包装费、展览费和广告费、商品维修费、预计产品质量保证损失、运输费、装卸费等以及为销售本企业商品而专设的销售机构（含销售网点、售后服务网点等）的职工薪酬、业务费、折旧费等经营费用。 【总结】销售过程和销售机构发生的费用。 【提示1】出租包装物的摊销额分情况：（1）能单独计价的计入"其他业务成本"；（2）不能单独计价的计入"销售费用"。 【提示2】商品流通企业发生的金额较小的进货费用，可以直接计入销售费用（重要性原则）。
管理费用	包括企业在筹建期间内发生的开办费、董事会和行政管理部门在企业的经营管理中发生的，以及应由企业统一负担的公司经费。工会经费、董事会费（包括董事会成员津贴、会议费和差旅费等）、聘请中介机构费、咨询费（含顾问费）、诉讼费、业务招待费、技术转让费、研究费用、排污费等。 企业生产车间（部门）和行政管理部门等发生的固定资产修理费用等后续支出，应在发生时计入管理费用。 商品流通企业管理费用不多的，可并入销售费用核算。 【总结】管理过程和管理部门发生的费用。
财务费用	筹集生产经营所需要资金而发生的筹资费用，包括： 1.利息支出（减利息收入）； 2.汇兑损益； 3.相关手续费； 4.发生现金折扣（减收到现金折扣）。 【提示】符合资本化条件的利息支出计入相关资本化资产的成本中。

第三节　利　润

一、利润构成

利润表（简表）
2017 年 5 月

一、营业收入

　　–2 成本 –3 费用 –1 损失 +2 收益

二、营业利润

　　+ 营业外收入 – 营业外支出

三、利润总额

　　– 所得税费用

四、净利润

五、其他综合收益的税收后净额

六、综合收益总额

七、每股收益

　　（一）基本每股收益

　　（二）稀释每股收益

图5-4　利润的构成

收入与利得、费用与损失的区别与联系如下表所示：

表5-7　收入与利得、费用与损失的区别与联系

项目	区别	联系
收入与利得	（1）收入与日常活动有关，利得与非日常活动有关。 （2）收入是经济利益总流入，利得是经济利益净流入。	都会导致所有者权益增加，且与所有者投入资本无关。

（续上表）

项目	区别	联系
费用与损失	（1）费用与日常活动有关，损失与非日常活动有关。 （2）费用是经济利益总流出，损失是经济利益净流出。	都会导致所有者权益减少，且与向所有者分配利润无关。

（一）营业利润

营业利润＝营业收入－营业成本－税金及附加－销售费用－管理费用－财务费用－资产减值损失＋公允价值变动收益（－公允价值变动损失）＋投资收益（－投资损失）＋其他收益

其中：

营业收入是指企业经营业务所确认的收入总额，包括主营业务收入和其他业务收入。

营业成本是指企业经营业务所发生的实际成本总额，包括主营业务成本和其他业务成本。

资产减值损失是指企业计提各项资产减值准备所形成的损失。

公允价值变动收益（或损失）是指企业交易性金融资产等公允价值变动形成的应计入当期损益的利得（或损失）。

投资收益（或损失）是指企业以各种方式对外投资所取得的收益（或发生的损失）。

其他收益主要是指与企业日常活动相关，除冲减相关成本费用以外的政府补助。（2018年新增）

（二）利润总额

利润总额＝营业利润＋营业外收入－营业外支出

其中：

营业外收入是指企业发生的与其日常活动无直接关系的各项利得。

营业外支出是指企业发生的与其日常活动无直接关系的各项损失。

（三）净利润

净利润＝利润总额－所得税费用

其中，所得税费用是指企业确认的应从当期利润总额中扣除的所得税费用。

二、营业外收支

（一）营业外收入

1. 营业外收入的核算内容（2018年新调整为五项内容）

营业外收入与营业外支出的对比如表5-8所示：

表5-8　营业外收入与营业外支出对比表

营业外收入	营业外支出
（1）非流动资产（固定资产、无形资产）处置利得	（1）非流动资产（固定资产、无形资产）处置损失
（2）盘盈（现金）利得	（2）盘亏（固定资产）损失
（3）捐赠利得	（3）公益性捐赠支出
（4）非货币性资产交换利得	（4）非货币性资产交换损失
（5）债务重组利得	（5）债务重组损失
（6）确实无法支付的应付账款	（6）非常损失

其中：

（1）非流动资产处置利得包括固定资产处置利得和无形资产出售利得。

（2）根据财会【2017】15号文规定：政府补助按照净额法计入"其他收益"中核算。

2. 营业外收入的账务处理

（1）盘盈现金：

借：库存现金

　　贷：待处理财产损溢

未找到原因的情况下：

借：待处理财产损溢

贷：营业外收入

（2）收到捐赠利得：

①收到捐赠钱财：

借：库存现金

　　　贷：营业外收入

②收到捐赠原材料：

借：原材料

　　　应交税费——应交增值税（进项税额）

　　　贷：营业外收入

（3）公益性捐赠支出：

借：营业外支出

　　　贷：库存商品

　　　　　应交税费——应交增值税（销项税额）

（4）固定资产清理

借：固定资产清理

　　　贷：营业外收入——非流动资产处置利得

（二）营业外支出

1. 企业确认处置非流动资产损失：

借：营业外支出

　　　贷：固定资产清理

　　　　　无形资产等

2. 确认盘亏、罚款支出：

借：营业外支出

　　　贷：待处理财产损溢

　　　　　库存现金

3. 结转营业外支出：期末

借：本年利润

　　　贷：营业外支出

结转后本科目应无余额。

三、所得税费用

所得税费用的概况，如表5-9所示。

表5-9　所得税费用

概念	企业的所得税费用包括当期所得税和递延所得税两个部分，其中，当期所得税是指当期应交所得税。递延所得税包括递延所得税资产和递延所得税负债。 应交所得税＝应纳税所得额×所得税税率 应纳税所得额＝税前会计利润＋纳税调整增加额－纳税调整减少额
纳税调整增加额	1．包括税法规定允许扣除项目中，企业已计入当期费用但超过税法规定扣除标准的金额，例如：超过税法规定标准的职工福利费、工会经费、职工教育经费、业务招待费、公益性捐赠支出、广告费和业务宣传费等。 2．企业已计入当期损失但税法规定不允许扣除项目的金额和因为税法和会计准则计算口径的差异形成的可抵扣暂时性差异。如税收滞纳金、罚款、罚金等。 【提示】税法和会计准则计算口径的差异形成的可抵扣暂时性差异，是将来税法允许抵扣，而需要企业预付给税务局的资产，该差异不在企业的利润表里，是因为口径不同在资产负债表中体现的，所以计算应纳税所得额时需要将该差异纳税调增，当期预付税务局税款，企业挂预付账（递延所得税资产）。
纳税调整减少额	包括按税法规定允许弥补的亏损和准予免税的项目，如前五年内的未弥补亏损和国债利息收入和因为税法和会计准则计算口径的差异形成的应纳税暂时性差异。 【提示】税法和会计准则计算口径的差异形成的应纳税暂时性差异，是企业在当期形成的，税法要求以后期间才纳税的净资产，按照企业会计准则当期需要缴纳所得税款，而税法为了保持自身计算口径统一性，要求企业计算应纳所得税时先暂时不予支付的税额。所以计算应纳税所得额时需要将该差异纳税调减，企业当期的所得税里挂账应付未付的所得税（递延所得税负债）。

（续上表）

账务处理	所得税费用相关分录： 借：所得税费用 　　贷：应交税费——应交所得税（当期所得税） 当期税务需要企业预付的可抵扣暂时性差异： 借：递延所得税资产 　　贷：所得税费用（冲抵所得税费用） 当期税务需要企业暂时挂账不予支付的所得税费用： 借：所得税费用 　　贷：递延所得税负债 【提示】递延所得税资产和递延所得税负债调整的是所得税费用。

（一）应交所得税的计算

应交所得税＝应纳税所得额×所得税税率

应纳税所得额＝税前会计利润＋纳税调整增加额－纳税调整减少额

详见图5-5所示。

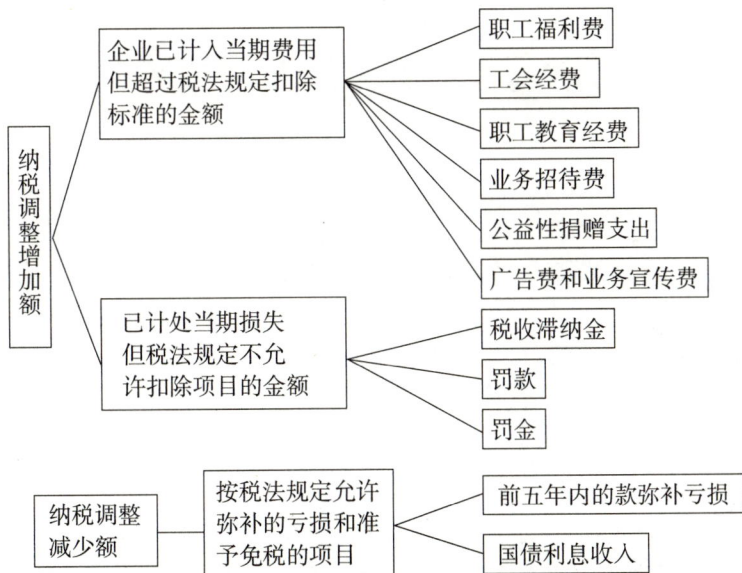

图5-5　应交所得税的计算

1. 税法规定允许扣除项目中，企业已计入当期费用但超过税法规定扣除标准的金额

（1）工资总额：职工福利费14%、工会经费2%、职工教育经费2.5%。

职工教育经费超过部分准予结转以后纳税年度扣除。

（2）业务招待费：发生额的60%，但不超过营业收入的千分之五。

（3）公益性捐赠支出：年度利润总额的12%。

（4）广告费和业务宣传费：营业收入的15%。

2. 企业已计入当期损失但税法规定不允许扣除项目的金额（如税收滞纳金、罚金、罚款）

如：收入100万元，罚款100万元，利润总额0。

3. 纳税调整减少额主要包括按税法规定允许弥补的亏损和准予免税的项目：

（1）前五年内的未弥补亏损。

（2）国债利息收入。

（3）其他收益中符合国家规定的不征税收入调减。（2018年新增内容）

（二）所得税费用的账务处理

所得税费用＝当期所得税＋递延所得税

1. 所得税费用相关分录（税法与企业存在未来可抵扣的暂时性差异）：

借：所得税费用

   递延所得税资产

　贷：应交税费——应交所得税（当期所得税）

2. 所得税费用相关分录（税法与企业存在未来应纳税的暂时性差异）：

借：所得税费用

　贷：应交税费——应交所得税（当期所得税）

   递延所得税负债

注意

递延所得税资产和递延所得税负债的发生额可能在借方。

四、本年利润

本年利润的账务处理如表5-10所示。

表5-10 本年利润的账务处理

结转本年利润的方法	表结法	各损益类科目每月月末只需结计出本月发生额和月末累计余额，不结转到"本年利润"科目。但每月月末要将损益类科目的本月发生额合计数填入利润表的本月数栏。同时将本月末累计余额填入利润表的本年累计数栏，通过利润表计算反映各期的利润（或亏损）。
	账结法	每月月末均需编制转账凭证，将在账上结计出的各损益类科目的余额结转入"本年利润"科目。结转后"本年利润"科目的本月余额反映当月实现的利润或发生的亏损，"本年利润"的本年余额反映本年累计实现的利润或发生的亏损。
结转本年利润的会计处理		年度终了，结转"本年利润"科目： 借：本年利润 　　贷：利润分配——未分配利润 或作相反的会计分录。结转后"本年利润"科目应无余额。 （损益类科目月末无余额）

第六章　财务报表

财务报表是企业对外提供的反映企业某一特定日期的财务状况和某一会计期间的经营成果、现金流量的结构性表述文件。

一套完整的财务报表至少应当包括资产负债表、利润表、现金流量表、所有者权益（或股东权益）变动表以及附注。

【提示】2018年新大纲将财务报告缩小到财务报表。财务报告包括财务报表和其他应当在财务报告中披露的相关信息和资料。财务报告和财务报表的组成分别如图6-1和表6-1所示。

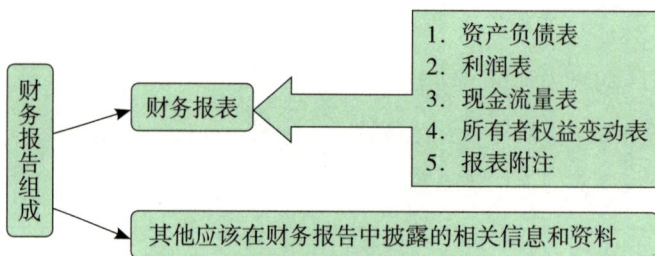

图6-1　财务报告的组成

表6-1　财务报表的组成

财务报表	资产负债表	反映企业特定日期所拥有的资产，需偿还的债务以及股东（投资者）拥有的净资产情况。
	利润表	反映企业一定期间的经营成果及利益和亏损的情况，表明企业运用所拥有的资产的获利能力。
	现金流量表	反映企业在一定会计期间现金和现金等价物流入和流出的情况。

（续上表）

财务报表	所有者权益（股东权益）变动表	反映构成所有者权益的各组成部分当期的增减变动情况。
	附注	是财务报表不可或缺的组成部分，是对报表中列示项目的文字描述或明细资料，以及对未能在报表中用数字说明的项目的文字补充。

第一节　资产负债表

一、资产负债表概述

资产负债表，是指反映企业在某一特定日期的财务状况的报表。资产负债表主要反映资产、负债和所有者权益三方面的内容，并以账户的形式列报，是企业经营活动的静态报表，编制依据是会计恒等式：

资产＝负债＋所有者权益

（一）资产

表6-2　资产的分类

资产	资产负债表中的资产反映由过去的交易、事项形成并由企业在某一特定日期所拥有或控制的、预期会给企业带来经济利益的资源。资产应当按照流动资产和非流动资产两大类别在资产负债表中列示，在流动资产和非流动资产类别下进一步按性质分项列示。
	流动资产	是指预计在一个正常营业周期中变现、出售或耗用，或者主要为交易目的而持有，或者预计在资产负债表日起一年内(含一年)变现的资产，或者自资产负债表日起一年内交换其他资产或清偿负债的能力不受限制的现金或现金等价物。

（续上表）

资产	报表项目	流动资产项目通常包括货币资金、以公允价值计量且其变动计入当期损益的金融资产、应收票据、应收账款、预付款项、应收利息、应收股利、其他应收款、存货和一年内到期的非流动资产等。
	非流动资产及项目内容	是指流动资产以外的资产。资产负债表中列示的非流动资产项目通常包括长期股权投资、固定资产、在建工程、工程物资、固定资产清理、无形资产、开发支出、长期待摊费用以及其他非流动资产等。

【提示】应收账款、其他应收款虽然可能在一年内不一定收回，但是确认时属于预计在一年内能够变现的生产经营性资金，所以归入流动资产项目。

（二）负债

表6-3　负债的分类

负债		资产负债表中的负债反映在某一特定日期企业所承担的、预期会导致经济利益流出企业的现时义务。负债应当按照流动负债和非流动负债在资产负债表中进行列示，在流动负债和非流动负债类别下再进一步按性质分项列示。
	流动负债	流动负债是指预计在一个正常营业周期中清偿或者自资产负债表日起一年内到期应予以清偿的债务。
	报表项目	包括短期借款、应付票据、应付账款、预收款项、应付职工薪酬、应交税费、应付利息、应付股利、其他应付款、一年内到期的非流动负债等。
	非流动负债及项目	非流动负债是指流动负债以外的负债，主要包括长期借款、应付债券和长期应付款等。

（三）所有者权益

资产负债表中的所有者权益是企业资产扣除负债后的剩余权益，反映企业在某一特定日期股东(投资者)拥有的净资产的总额，它一般按照实收资本（或股本）、资本公积、盈余公积和未分配利润分项列示。

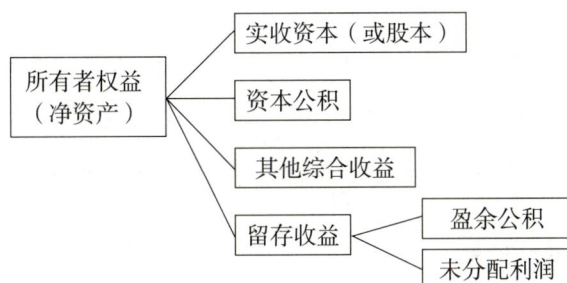

图6-2　所有者权益的构成

二、资产负债表的结构（具体项目）

我国企业的资产负债表采用账户式结构，分为左右两方，可以反映资产、负债、所有者权益之间的内在关系，即"资产＝负债＋所有者权益"，一般由表头、表体两部分组成。

图6-3　资产负债表的结构

((·)) 提示

如有下列情形，应当在资产负债表中调整或增设相关项目。

1. 高危行业企业，如有按国家规定提取安全生产费的应当在资产负债表所有者权益项目下的"其他综合收益"项目和"盈余公积"项目之间增设"专项储备"项目，反映企业提取的安全生产费期末余额。

2. 企业衍生金额金融工具业务具有重要性的

应当在资产负债表资产项下"以公允价值计量且其变动计入当期损益的金融资产"项目和"应收票据"项目之间增设衍生金融资产项目；在资产负债表负债项下"以公允价值计量且其变动计入当期损益的金融负债"项目和"应付票据"项目之间增设"衍生金融负债"项目，分别反映企业衍生工具形成资产和负债的期末余额。

三、资产负债表的编制

（一）资产负债表项目的填列方法

资产负债表的各项目均需填列"年初余额"和"期末余额"两栏。编制的思路是根据总账科目余额填列方法填列。资产负债表"年初余额"栏内各项数字，应根据上年末资产负债表的"期末余额"栏内所列数字填列。

资产负债表的编制方法和内容如表6-4所示，编制项目和说明如表6-7所示。

表6-4 资产负债表的编制方法及其内容

编制方法	内容
根据总账科目余额填列方法	1. 直接根据有关总账科目的余额填列：如"以公允价值计量且其变动计入当期损益的金融资产""短期借款""应付票据""应付职工薪酬"等项目。 2. 根据几个总账科目的期末余额计算填列： 货币资金＝库存现金＋银行存款＋其他货币资金
根据明细账科目余额计算填列	1. "应付账款"＝"应付账款"明细期末贷方余额＋"预付账款"明细期末贷方余额 2. "应收账款"＝"应收账款"明细期末借方余额＋"预收账款"明细期末借方余额－"坏账准备" 3. "预收款项"＝"预收账款"明细期末贷方余额＋"应收账款"明细期末贷方余额 4. "预付款项"＝"预付账款"明细期末借方余额＋"应付账款"明细期末借方余额（如有坏账准备要减去相应的坏账准备）

（续上表）

编制方法	内容
根据明细账科目余额计算填列	（预付账款属于资产类科目，借方表示资产增加；应付账款属于负债类科目，借方表示负债的减少。）
根据总账科目和明细账科目余额分析计算填列方法	1．"长期借款"＝"长期借款"总账科目余额—"长期借款"科目所属的明细科目中"一年内到期的金额" 2．"长期待摊费用"＝"长期待摊费用"总账科目余额—"一年内摊销的数额" 3．"其他非流动资产"＝"相关其他非流动资产"科目的期末余额—"一年内收回的数额" 4．"其他非流动负债"＝"相关其他非流动负债"科目的期末余额—"一年内到期偿还后金额"
根据有关科目余额减去其备抵科目余额后的净额填列方法（三组）	1．"应收票据""应收账款""长期股权投资""在建工程"项目报表填列根据上述科目的期末余额减去相关科目的坏账准备（减值准备）类备抵科目余额后的净额填列（第一组减一类备抵科目） 2．"固定资产""投资性房地产"项目报表填列根据上述科目的期末余额减去"累计折旧""相关资产减值准备"类备抵科目余额后的净额填列 3．"无形资产"＝"无形资产"—"累计摊销"—"无形资产减值准备" 【提示】第一组减一种资产减值准备类备抵科目，第二、三组减两种备抵科目。
综合运用上述填列方法分析填列	"存货"＝"原材料"＋"库存商品"＋"委托加工物资"＋"周转材料"＋"材料采购"＋"在途物资"＋"发出商品"＋"材料成本差异"（借方为加，贷方为减）—"存货跌价准备"（如果有"生产成本"，需要列示到"存货"；"受托代销商品"不列示到"存货"。） 【提示】"工程物资""在建工程""固定资产"三项目不属于存货。

> **提示**
>
> 1. 考核填列"收"的项目，先区分该项目是资产项目还是负债项目（资产借方表示增加，贷方表示减少），如表6-5所示。
>
> **表6-5　"收"的项目的填列**
>
> | 列报"收"的项目 | 报表数据选用规律 |
> | --- | --- |
> | 资产项目（应收账款） | 两收账户的借方余额—坏账准备余额（两收借余减坏账） |
> | 负债项目（预收账款） | 两收账户的贷方余额（负债项目贷方增加，且负债没有坏账） |
>
> 2. 考核填列"付"的项目，先区分该项目是资产项目还是负债项目（资产借方表示增加，贷方表示减少），如表6-6所示。
>
> **表6-6　"付"的项目的填列**
>
> | 列报"付"的项目 | 报表数据选用规律 |
> | --- | --- |
> | 资产项目（预付账款） | 两付账户的借方余额—坏账准备余额（两付借余减坏账） |
> | 负债项目（应付账款） | 两付账户的贷方余额（负债项目贷方增加，且负债没有坏账） |

表6-7　资产负债表的编制项目和说明

项目	编制说明
货币资金	库存现金＋银行存款＋其他货币资金
交易性金融资产	根据总账直接填写
应收票据	账面余额—坏账准备
应收账款	（应收账款＋预收账款）明细账借方余额—坏账准备
预付款项	（应付账款＋预付账款）明细账借方余额—坏账准备
存货	原材料、在途物资、周转材料、委托加工物资、库存商品、发出商品、生产成本、委托代销商品等。材料成本差异：借加贷减；存货跌价准备：借减贷加
长期股权投资	账面余额—减值准备

（续上表）

项目	编制说明
固定资产	账面余额—累计折旧—固定资产减值准备
在建工程	账面余额—减值准备
无形资产	账面余额—累计摊销—无形资产减值准备
一年内到期的非流动资产	一年内到期的长期待摊费用等
短期借款	根据总账直接填写
预收款项	（应收账款＋预收账款）明细账贷方余额
应付职工薪酬	根据总账直接填写
应交税费	根据总账直接填写
应付利息	根据总账直接填写
一年内到期的非流动负债	一年内到期的长期借款等
实收资本	根据总账直接填写
盈余公积	根据总账直接填写
未分配利润	本年利润±利润分配

（二）资产负债表项目的填列说明

1. 资产项目的填列说明

（1）"应收利息"项目，反映企业应收取的债券投资等的利息。本项目应根据"应收利息"科目的期末余额，减去"坏账准备"科目中有关应收利息计提的坏账，准备期末余额后的净额填列。

（2）"应收股利"项目，反映企业应收取的现金股利和应收取其他单位分配的利润。本项目应根据"应收股利"科目的期末余额，减去"坏账准备"科目中有关应收股利计提的坏账，准备期末余额后的净额填列。

（3）"其他应收款"项目，反映企业除应收票据、应收账款、预付账款、应收利息、应收股利等经营活动以外的其他各种应收、暂付的款项。本项目应根据"其他应收款"科目的期末余额，减去"坏账准备"科目中有关其他应收款计提的坏账，准备期末余额后的净额填列。

（4）"持有待售的非流动资产或持有待售的处置组中的资产"项目，反映企业主要通过出售而非持续使用收回其账面价值的一项非流动资产或处置组。企业应当在资产负债表中区别于其他资产单独列示持有待售的非流动资产或持有待售的处置组中的资产。

（5）"一年内到期的非流动资产"项目，反映企业将于一年内到期的非流动资产项目金额，本项目应根据有关科目的期末余额分析填列。

（6）"以摊余成本计量的金融资产"项目，反映企业持有的以摊余成本计量的金融资产。本项目应根据有关科目的期末余额分析填列。

（7）"长期应收款"项目，反映企业融资租赁产生的应收款项和采用递延方式分期收款、实质上具有融资性质的销售商品和提供劳务等经营活动产生的应收款项。本项目应根据"长期应收款"科目的期末余额减去相应的"未实现融资收益"科目和"坏账准备"科目所属相关明细科目期末余额后的金额填列。

（8）"固定资产"项目，反映企业各种固定资产原值减去累计折旧和减值准备后的净值。本项目应根据"固定资产"科目的期末余额，减去"累计折旧"和"固定资产减值准备"科目期末余额后的净额填列。

（9）"固定资产清理"项目，反映企业因出售、毁损、报废等原因转入清理，但尚未清理完毕的固定资产净值，以及固定资产清理过程中发生的清理费用和变价收入的各项金额的差额。本项目应根据"固定资产清理"科目的期末借方余额填列，如"固定资产清理"科目期末为贷方余额，以"—"号填列。

（10）"开发支出"项目，反映企业开发无形资产过程中能够资本化，形成无形资产成本的支出部分。本项目应当根据"研发支出"科目所列的"资本化支出"明细科目期末余额填列。

（11）"长期待摊费用"项目，反映企业已经发生，但应由本期或以后各期负担的分摊期限在一年以上的各项费用。长期待摊费用中在一年内（含一年）摊销的部分，在资产负债表"一年内到期的非流动资产"项目填列。本项目应根据"长期待摊费用"科目的期末余额减去将于一年内（含一年）摊销的数额后的金额分析填列。

（12）"递延所得税资产"项目，反映企业根据所得税准则确认的可抵扣暂时性差异产生的所得税资产，本项目应根据"递延所得税资产"科目的期末余额填列。

2．负债项目的填列说明

（1）"以公允价值计量且其变动计入当期损益的金融负债"项目，反映企业持有的以公允价值计量且其变动计入当期损益的为交易目的所发生的金融负债。本项目应当根据"交易性金融负债"科目和在初始计量时指定为以公允价值计量且其变动计入当期损益的金融负债科目的期末余额填列。

（2）"应付职工薪酬"项目，反映企业为获得职工提供的服务或解除劳动关系而给予的各种形式的报酬和补偿。企业提供给职工、配偶、子女、受赡养人、已故员工遗属及其他受益人等的福利也属于职工薪酬。职工薪酬主要包括短期薪酬、离职后福利、辞退福利和其他长期职工福利。本项目应根据"应付职工薪酬"科目所属各明细科目的期末贷方余额分析填列。外商投资企业按规定从净利润中提取的职工奖励和福利基金，也在本项目列示。

（3）"一年内到期的非流动负债"项目，反映企业非流动负债中将于资产负债表日后一年内到期部分的金额，如：将于一年内偿还的长期借款。本项目应根据有关科目的期末余额分析填列。

（4）"长期借款"项目，反映企业向银行或其他金融机构借入的期限在一年以上（不含一年）各项借款。本项目应根据"长期借款"科目的期末余额扣除"长期借款"科目所属的明细科目中，将在资产负债表日起一年内到期且企业不能自主地将清偿义务展期的长期借款后的金额计算填列。

（5）"长期应付款"项目，反映除了长期借款和应付债券以外的其他各种长期应付款。主要有应付补偿贸易引进设备款、采用分期付款方式购入固定资产和无形资产发生的应付账款、应付融资租入固定资产租赁费等。该项目应当根据"长期应付款"科目期末余额减去"未确认融资费用"科目的期末余额，再减去所属相关明细科目中将于一年内到期的部分后的金额进行填列。

（6）"预计负债"项目，反映企业根据或有事项等相关准则确认的各项预计负债，包括对外提供担保、未决诉讼、产品质量保证、重组义务以及固定资产或矿区权益、弃置义务等产生的预计负债。本项目应根据"预计负债"科目的期末余额填列。

（7）"递延收益"项目，反映尚待确认的收入和收益，本项目核算包括企业根据政府补助准则确认的应在以后期间计入当期损益的政府补助金额、售后租回形成融资租赁的售价与资产账面价值差额等其他递延性收入。本项目应根据"递延收益"科目的期末余额填列。

（8）"递延所得税负债"项目，反映企业根据所得税准则确认的应纳税暂时性差异产生的所得税负债。本项目应根据"递延所得税负债"科目的期末余额填列。

（9）"其他非流动负债"项目，反映企业除上述非流动负债以外的其他非流动负债。本项目应根据有关科目的期末余额填列。其他非流动负债项目应根据有关科目期末余额减去将于一年内（含一年）到期偿还数后的余额分析填列。非流动负债各项目中将于一年内（含一年）到期的非流动负债，应在"一年内到期的非流动负债"项目内反映。

3. 所有者权益项目的填列说明

（1）"资本公积"项目，反映企业收到投资者出资，超出其在注册资本或股本中所占的份额以及直接计入所有者权益的利得和损失等。本项目应根据"资本公积"科目的期末余额填列。

（2）"未分配利润"项目，反映企业尚未分配的利润，未分配利润是指企业实现的净利润经过弥补亏损、提取盈余公积和向投资者分配利润后留存在企业的，历年结存的利润。本项目应根据"本年利润"科目和"利润分配"科目的余额计算填列，未弥补的亏损，在本项目内以"－"号填列。

第二节 利润表

一、利润表概述

（一）概念

利润表是指反映企业在一定会计期间的经营成果的报表。

（二）作用

利润表可以帮助财务报表使用者全面了解企业的经营成果，分析企业的获利能力及盈利增长趋势，从而为其做出经济决策提供依据。

二、利润表的编制——分步式报表

分步式利润表的编制项目及其内容如表6-8所示。

表6-8　分步式利润表的编制

项目	计算过程
营业收入	营业收入＝主营业务收入＋其他业务收入
营业利润	营业利润＝营业收入—营业成本—税金及附加—销售费用—管理费用—财务费用—资产减值损失±公允价值变动收益（损失）±投资收益（损失）＋其他收益
利润总额	利润总额＝营业利润＋营业外收入—营业外支出
净利润	净利润＝利润总额—所得税费用
每股收益	每股收益包括基本每股收益和稀释每股收益两项指标
其他综合收益的税后金额	反映企业根据企业会计准则规定未在损益中确认的各项利得和损失扣除所得税影响后的净额
综合收益	反映企业净利润与其他综合收益的合计金额

（续上表）

项目	计算过程
主要项目说明	1．"营业收入"项目，反映企业经营主要业务和其他业务所确认的收入总额。本项目应根据"主营业务收入"和"其他业务收入"科目的发生额分析填列。 "营业收入"＝"主营业务收入"＋"其他业务收入" 2．"营业成本"项目，反映企业经营主要业务和其他业务所发生的成本总额。本项目应根据"主营业务成本"和"其他业务成本"科目的发生额分析填列。 "营业成本"＝"主营业务成本"＋"其他业务成本 3．"税金及附加"项目，反映企业经营业务应负担的消费税、城市维护建设税、资源税、土地增值税、教育费附加及房产税、车船税、城镇土地使用税、印花税等相关税费。本项目应根据"税金及附加"科目的发生额分析填列。 4．"销售费用"项目，反映企业在销售商品过程中发生的包装费、广告费等费用和为销售本企业商品而专设的销售机构的职工薪酬、业务费、折旧费等经营费用。本项目应根据"销售费用"科目的发生额分析填列。 5．"管理费用"项目，反映企业为组织和管理生产经营发生的管理费用。本项目应根据"管理费用"科目的发生额分析填列。 6．"财务费用"项目，反映企业筹集生产经营所需资金等而发生的筹资费用。本项目应根据"财务费用"科目的发生额分析填列。 7．"资产减值损失"项目，反映企业各项资产发生的减值损失。本项目应根据"资产减值损失"科目的发生额分析填列。 8．"公允价值变动收益"项目，反映企业应当计入当期损益的资产或负债公允价值变动收益。本项目应根据"公允价值变动损益"科目的发生额分析填列，如为净损失，本项目以"—"号填列。 9．"投资收益"项目，反映企业以各种方式对外投资所取得的收益。本项目应根据"投资收益"科目的发生额分析填列。如为投资损失，本项目用"—"号填列。 10．"其他收益"项目，反映收到的与企业日常活动相关的，计入当期收益的政府补助。

（续上表）

项目	计算过程
主要项目说明	本项目应根据"其他收益"科目的发生额分析填列。 11．"营业利润"项目，反映企业实现的营业利润。如为亏损，本项目以"—"号填列。 12．"营业外收入"项目，反映企业发生的与经营业务无直接关系的各项收入。本项目应根据"营业外收入"科目的发生额分析填列。 13．"营业外支出"项目，反映企业发生的与经营业务无直接关系的各项支出。本项目应根据"营业外支出"科目的发生额分析填列。 14．"利润总额"项目，反映企业实现的利润。如为亏损，本项目以"—"号填列。 15．"所得税费用"项目，反映企业应从当期利润总额中扣除的所得税费用。本项目应根据"所得税费用"科目的发生额分析填列。 16．"净利润"项目，反映企业实现的净利润。如为亏损，本项目以"—"号填列。 17．"其他综合收益"项目，反映企业根据企业会计准则规定未在损益中确认的各项利得和损失扣除所得税后影响的净额。 18．"综合收益总额"项目，反映企业净利润与其他综合收益的合计金额。 "综合收益总额"＝"净利润"＋"其他综合收益的税后净额" 19．"每股收益"项目，包括基本每股收益和稀释每股收益两项指标，反映普通股或潜在普通股已公开交易的企业，以及正在公开发行普通股或潜在普通股过程中的企业的每股收益信息。

第三节 所有者权益变动表

一、所有者权益变动表的概念

所有者权益变动表是反映构成所有者权益的各组成部分当期的增减变动情况的报表。所有者权益变动表以矩阵的形式列示交易或事项对所有者权益各部分的影响。

二、所有者权益变动表的编制

（一）内容和结构

所有者权益变动表是以矩阵的形式列示：

1. 横向反映导致所有者权益变动的交易或事项（所有者权益变动的来源）；

2. 纵向按照所有者权益各组成部分，列示交易或事项对所有者权益各部分的影响；

在所有者权益变动表上，企业至少应当单独列示反映下列信息的项目：

（1）综合收益总额；

（2）会计政策变更和差错更正的累积影响金额；

（3）所有者投入资本和向所有者分配利润等；

（4）提取的盈余公积；

（5）实收资本或资本公积、其他综合收益、盈余公积、未分配利润的期初和期末余额及其调节情况。

（二）编制

所有者权益变动表各项目均需填列"本年金额"和"上年金额"两栏。"上年金额"栏内各项数字，应根据上年度所有者权益变动表"本年金额"栏内所列数字填列（所列报内容不同时调整）。

"本年金额"栏内各项数字一般应根据"实收资本""资本公积""库存股""其他综合收益""盈余公积""利润分配""以前年度损益调整"科目的发生额分析填列。

企业的净利润及其分配情况作为所有者权益变动的组成部分，不需要单独编制利润分配表列示。

（三）主要项目说明

1. "会计政策变更""前期差错更正"项目，分别反映企业采用追溯调整法处理的会计政策变更的累计影响金额和采用追溯重述法处理的会计差错更正的累计影响金额。

2. "本年增减变化金额"项目

（1）"综合收益金额"项目，反映净利润和其他综合收益扣除所得税影响后的净额相加后的合计金额。

（2）"所有者投入和减少资本"项目，反映企业当年所有者投入的资本和减少的资本。

①"所有者投入资本"项目，反映企业接受投资者投入形成的实收资本（或股本）和资本溢价或股本溢价。

②"股份支付计入所有者权益的金额"项目，反映企业处于等待期中的权益结算的股份支付当年计入资本公积的金额。

（3）"利润分配"项目，反映企业当年的利润分配金额。

（4）"所有者权益内部结转"项目，反映企业构成，所有者权益的组成部分之间当年的增减变动情况。

①"资本公积转增资本（或股本）"项目，反映企业当年以资本公积转增资本或股本的金额。

②"盈余公积转增资本（股本）"项目，反映企业当年盈余公积转增资本或股本金额。

③"盈余公积弥补亏损"项目，反映企业当年盈余公积弥补亏损的金额。

第四节 附 注

一、附注概述

附注是对在资产负债表、利润表、现金流量表和所有者权益变动表等报表中列示项目的文字描述或明细资料，以及对未能在这些报表中列示项目的说明等。

附注主要起到两方面的作用：

第一，附注的披露，是对资产负债表、利润表、现金流量表和所有者权益变动表列示项目的含义的补充说明，帮助使用者更准确地把握其含义。

第二，附注提供了对资产负债表、利润表、现金流量表和所有者权益变动表中未列示项目的详细说明或明细说明。

二、附注的主要内容

附注是财务报表的重要组成部分。企业应当按照如下顺序披露附注的内容：

1. 企业的基本情况；

2. 财务报表的编制基础，指财务报表是在持续经营基础上还是非持续经营基础上编制的；

3. 遵循企业会计准则的声明；

4. 重要的会计政策和会计估计；

5. 会计政策和会计估计变更以及差错更正的说明；

6. 报表重要项目的说明（21大项、56个小项，重点看5、6、7三个大项的内容）；

7. 或有和承诺事项、资产负债表日后非调整事项、关联方关系及其交易等需要说明的事项；

8. 有助于财务报表使用者评价企业管理资本的目标、政策及程序的信息。

第七章 管理会计基础

第一节 管理会计概述

一、管理会计概念与管理会计体系

2012年我国修改规范了《事业单位会计准则》，2014年修订了《企业财政会计准则》，逐步建立起现代财政制度，推进国家治理体系和治理能力现代化已经成为改革的重要方向。财政部于2014年10月印发了《关于全面推进管理会计体系建设的指导意见》（以下简称《指导意见》），明确提出了全面推进管理会计体系建设的指导思想、基本原则、主要目标、主要任务和措施及工作要求。

2016年6月，财政部印发了《管理会计基本指引》（以下简称《基本指引》），总结提炼了管理会计的目标、原则、要素等内容，以指导单位管理会计实践。

（一）管理会计的概念与目标

管理会计的概念和目标，详见表7-1。

表7-1 管理会计的概念与目标

概念	管理会计是为了满足单位内部管理需要，利用单位的财务等相关信息，有机融合财务与业务活动，统驭单位的战略规划、发展决策、内部控制和业绩评价等方面的管理活动。
目标	管理会计的目标是通过运用管理会计工具方法，参与单位规划、决策、控制、评价活动，并为之提供有用信息，推动单位实现战略规划。特点：

（续上表）

目标	1．服务对象方面：管理会计主要是为了强化单位内部经营管理，提高经济效益服务，属于"对内报告会计"，修炼的是"内功"；而财务会计主要侧重于对外部相关单位和人员提供财务信息，属于"对外报告会计"。 2．职能定位方面：管理会计侧重于"创造价值"（要实现1+1大于4），其职能是解析过去、控制现在与策划未来的有机结合，而财务会计侧重于"记录价值"，通过确认、计量、记录和报告等程序提供并解析已发生的经济信息。 3．程序与方法方面：管理会计采用的程序与方法灵活多样，具有较大的可选择性，而财务会计有填制凭证、登记账簿、编辑报表等较固定的程序与方法，不得随意变更。

（二）管理会计的产生与发展

管理会计的产生与发展，经历了以下几个阶段，如表7-2所示。

表7-2　管理会计的产生与发展

初级阶段	初级阶段是成本决策与财务控制阶段（20世纪20~50年代），标志性事件：1922年，美国会计学者奎因斯坦在其《管理会计：财务管理入门》书中首次提到"管理会计"的名称。
发展阶段	发展阶段是管理控制与决策阶段（20世纪50~80年代），管理会计职能转向为内部管理人员提供企业计划和控制信息，但由于认知的局限性，管理会计仅停留在传统责任范围。这时质量成本管理、作业成本法、价值链分析以及战略成本管理等创新的管理会计方法层出不穷，初步形成了一套新的成本管理控制体系。
强调价值创造阶段	这个阶段为万物互联时代，世界各国经济联系和依赖程度日益增强，新形势迫使管理会计在管理控制方面要有新的突破，为此管理会计强调价值创造为核心，发展了一系列新的决策工具和管理工具。一些国家也尝试将管理会计引入公共部门管理之中，并随着新公共管理运动的兴起在全世界范围推广。

（续上表）

我国管理会计的发展情况	1. 20世纪70年代末期到80年代末，出现了企业内部经济责任制为基础的责任会计体系。 2. 20世纪90年代，出现了成本性态分析、盈亏临界点与本量利分析、经营决策经济效益的分析评价。 3. 现在，全面预算管理、平衡计分卡等绩效评价方法，作业成本法、标准成本法等成本管理方法在内的管理会计工具方法陆续在我国企业中得到运用。

（三）我国管理会计体系建设的任务和措施

根据《指导意见》，中国特色的管理会计体系是一个由理论、指引、人才、信息化加咨询服务构成的"4+1"的管理会计有机系统，建设我国管理会计体系的主要任务和措施详见表7-3。

表7-3　我国管理会计体系建设的任务和措施

推进管理会计理论体系建设	1. 整合科研院校、单位等优势资源，推动形成管理会计产学研联盟，协同创新，支持管理会计理论研究和成果转化。 2. 加大科研投入，鼓励建立管理会计研究基地，加大管理会计理论的宣传和相关课程和案例的研发，总结提炼实践做法经验，发挥综合示范作用。 3. 推动改进现行会计科研成果评价方法，切实加强管理会计理论和实务研究。 4. 充分发挥有关会计团体在管理会计理论研究中的具体组织、推动作用，及时宣传管理会计理论研究成果，提升我国管理会计理论研究的国际影响力。
推进管理会计人才队伍建设	1. 将管理会计知识纳入会计人员和注册会计师继续教育、大中型企事业单位总会计师素质提升工程和会计领军（后备）人才培养工程。 2. 推动改革会计专业技术咨询考试和注册会计师考试内容，适当增加管理会计专业知识的比重。

（续上表）

推进管理会计人才队伍建设	3．鼓励高等院校加强管理会计课程体系和师资队伍建设，加强管理会计专业方向建设和管理会计高端人才培养，与单位合作建立管理会计人才实践培训基地，不断优化管理会计人才培养模式。 4．探索管理会计人才培养的其他途径。 5．推动加强管理会计国际交流与合作。
推进面向管理会计的信息系统建设	1．鼓励单位将管理会计信息化需求纳入信息化规划，推动管理会计在本单位的有效应用。 2．鼓励大型企业和企业集团充分利用专业化分工和信息技术优势，建立财务共享服务中心。 3．鼓励会计软件公司和有关中介服务机构拓展管理会计信息化服务领域。
体系各部分既相互独立，又彼此关联，其中"理论体系"是基础，"指引体系"是保障，"人才队伍"是关键，是该体系中发挥主观能动性的核心，是体现"坚持人才带动，整体推进"原则的重点；"信息系统"是支撑，"咨询服务"是确保四大任务顺利实施推进的外部支持，为单位提供更为科学、规范的管理会计实务解决方案。	

二、管理会计指引体系

　　管理会计指引体系是在管理会计理论研究成果的基础上，形成的可操作性的系列标准，管理会计指引体系包括：1．基本指引；2．应用指引；3．案例库。具体内容见表7–4。

表7–4　管理会计指引体系

管理会计基本指引	指引的定位	管理会计基本指引在管理会计职业体系中起统领作用，是制定应用指引和建设案例库的基础。
	指引的作用	是对管理会计普遍规律的标准化，对管理会计基本概念、基本原则、基本方法、基本目标的总结、提炼。

（续上表）

管理会计基本指引	指引的应用原则和主体	（1）战略导向原则：管理会计的应用应当以战略规划为导向，以持续创造价值为核心，促进单位可持续发展。 （2）融合性原则：管理会计应嵌入单位相关领域、层次、环节，以业务流程为基础，利用管理会计工具方法，将财务和业务等有机结合。 （3）适应性原则：管理会计的应用应与单位应用环境和自身特征相适应，单位自身特征包括单位性质、规模、发展阶段、管理模式、治理水平等。 （4）成本效益原则：管理会计的应用应权衡实施成本和预期效益，合理、有效地推进管理会计应用。 管理会计应用主体：单位整体，单位内部的责任中心。
	管理会计四大要素	管理会计的要素包括： （1）应用环境：管理会计应用环境是单位应用管理会计的基础，单位应用管理会计，首先应充分了解和分析其应用环境，包括外部环境和内部环境。 外部环境：国内外经济、社会、文化、法律、技术等因素。 内部环境：价值创造模式、组织机构、管理模式、资源、信息系统等因素。 （2）管理会计活动：是单位利用管理会计信息，运用管理会计工具方法，在规划、决策、控制、评价等方面服务于单位管理需要的相关活动。在了解和分析其应用环境的基础上，单位应将管理会计活动嵌入规划、决策、控制、评价等环节，形成完整的管理会计闭环。在规划环节，单位应用管理会计，应做好相关信息支持，参与战略规划拟定，从支持其定位、目标设定、实施方案选择等方面，为单位合理制定战略规划提供支撑。在决策环节，单位应用管理会计，应融合财务和业务等活动，及时充分提供和利用相关信息，支持单位各层级根据战略规划作出决策。在控制环节，单位应用管理会计，应设定定量定性标准，强化分析、沟通、协调、反

（续上表）

管理会计基本指引	管理会计四大要素	馈等控制机制，支持和引导单位持续高质高效地实施单位战略规划。在评价环节，应用管理会计，应合理设计和评价体系，基于管理会计信息等，评价单位战略规划实施情况，并以此为基础进行考核，完善激励机制，同时，对管理会计活动进行评估和完善，以持续改进管理会计应用。 （3）工具方法：是单位应用管理会计时所采用的：①战略地图；②滚动预算管理；③作业成本管理；④本量利分析；⑤平衡计分卡，等模式、技术、流程的统称。管理会计工具方法主要应用于：①战略管理；②预算管理；③成本管理；④营运管理；⑤投融资管理；⑥绩效管理；⑦风险管理。 （4）信息与报告事项管理：管理会计应用过程中所使用和生成的财务信息和非财务信息，是管理会计报告的基本元素。单位应充分利用内外部各种渠道，通过采集转换等多种方式获得相关可靠的管理会计基本信息。单位应有效利用现代信息技术，对管理会计基本信息进行加工。整理分析和传递以满足管理会计应用需要单位生成的管理会计信息。单位生成的管理会计信息应相关、可靠、及时、可理解。 管理会计报告是管理会计活动成果的重要表现形式。旨在为报告使用者提供满足管理需要的信息，是管理会计活动开展情况和效果的具体呈现。管理会计报告按期间可分为定期报告和不定期报告，按内容可分为综合性报告和专项报告等类别。
应用指引		应用指引在管理会计指引体系中居于主导地位，是对单位管理会计工作的具体指导。管理会计应用指引既要遵循基本指引也要体现实践特点。
管理会计案例库		案例库是对国内外管理会计经验的总结提炼，是对如何运用管理会计应用指引的实例示范。建立管理会计案例库为单位提供直观的参考借鉴。是管理会计指引体系、指导实践的重要内容和有效途径，也是管理会计体系建设区别于企业会计准则体系建设的一大特色。

三、货币时间价值

(一) 货币时间价值的含义

货币时间价值的含义、表达方式、相关概念及计息方式等内容详见表7-5。

表7-5 货币时间价值的含义

含义	指一定量货币资本在不同时点上的价值量差额。通常情况下，它是指没有风险也没有通货膨胀情况下的社会平均利润率。
表示方式	在实务中，人们习惯使用相对数字表示，即用增加的价值占投入货币的百分数来表示。
相关概念	(1) 终值又称将来值，是现在一定量的货币折算到未来某一时点所对应的金额，通常记作F； (2) 现值，是指未来某一时点上一定量的货币折算到现在所对应的金额，通常记作P。
计息方式	(1) 单利是指按照固定的本金计算利息； (2) 复利是指不仅对本金计算利息，还对利息计算利息。 【提示】财务估值中一般都按照复利方式计算货币的时间价值。

(二) 终值和现值

1. 复利的终值和现值（一笔钱的折腾）

复利的终值和现值公式，如表7-6所示。

表7-6 复利的终值和现值公式

复利终值	复利终值公式：$F = P \times (1+i)^n$ 其中，"$(1+i)^n$"称为复利终值系数，用符号 $(F/P, i, n)$ 表示。
复利现值	复利现值公式：$P = F \times 1/(1+i)^n$ 其中 "$1/(1+i)^n$" 称为复利现值系数，用符号 $(P/F, i, n)$ 表示。
结论	(1) 复利终值和复利现值互为逆运算； (2) 复利终值系数 $(1+i)^n$ 和复利现值系数 $1/(1+i)^n$ 互为倒数。

	1%	2%	3%
1	1.0100	1.0200	1.0300
2	1.0201	1.0404	1.0609

2. 年金终值和年金现值

年金是指间隔期相等的系列等额收付款。具有两个特点：一是金额相等（我们的工资类似于年金）；二是时间间隔相等。年金的种类如图7-1所示。

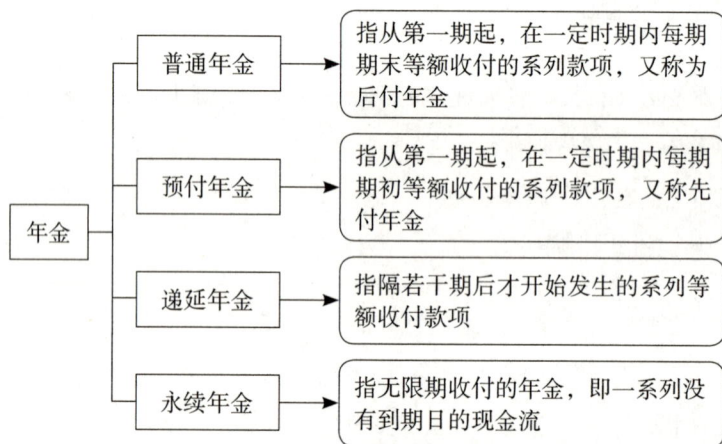

图7-1 年金的种类

年金终值和年金现值的计算详见表7-7。

表7-7 年金终值和年金现值的计算

年金终值	普通年金终值	普通年金终值是指普通年金最后一次收付时的本利和，它是每次收付款项的复利终值之和。根据复利终值的方法，计算年金终值的公式为： $F=A+A(1+i)+A(1+i)^2+A(1+i)^3+\cdots+A(1+i)^{n-1}$ $F=A[(1+i)^n-1]/i$ 式中$[(1+i)^n-1]/i$称为"年金终值系数"，记作（$F/A,i,n$）。

（续上表）

年金终值	预付年金终值	方法一：F＝A×（F/A，i，n）×（1+i） 方法二：F＝A（F/A，i，n+1）－A＝A［（F/A，i，n+1）－1］
	递延年金终值	递延年金的终值计算与普通年金的终值计算一样，计算公式如下： F＝A（F/A，i，n） 【提示】式中"n"表示的是A的个数，与递延期无关。
年金现值	普通年金现值	普通年金现值是指将在一定时期内按相同时间间隔在每周期末收付的相等金额折到第一期期初的现值之和。根据复利现值的方法计算年金现值的公式为： $P＝A(1+i)^{-1}+A(1+i)^{-2}+A(1+i)^{-3}+\cdots+A(1+i)^{-n}$ $＝A[1－(1+i)^{-n}]/i$ 式中，$[1－(1+i)^{-n}]/i$称为"年金现值系数"，记作（P/A，i，n）。
	预付年金现值——两种方法	方法一：P＝A（P/A，i，n－1）＋A＝A［（P/A，i，n－1）+1］ 方法二：P＝A×（P/A，i，n）×（1+i）
	递延年金现值（2018年大纲，简单讲解）	方法一：两次折现：计算公式PA＝A（P/A，i，n）×（P/F，i，m） 方法二：年金现值系数之差，计算公式如下： PA＝A（P/A，i，m+n）－A（P/A，i，m）＝A［（P/A，i，m+n）－（P/A，i，m）］ 【提示】式中，m为递延期，n为连续收支期数，即年金期。 方法三：先求终值再折现：PA＝A×（F/A，i，n）×（P/F，i，m+n）

（续上表）

年金现值	永续年金的现值	$$P = \lim A \frac{1-(1+i)^{-n}}{i} = A/i$$
年偿债基金的计算		如果是已知年金终值求年金，则属于计算偿债基金问题，即根据普通年金终值公式求解A（反向计算），这个A就是偿债基金。 根据普通年金终值计算公式：$F = A\dfrac{(1+i)^n - 1}{i}$ 可知：$A = F\dfrac{i}{(1+i)^n - 1}$ 式中的 $\dfrac{i}{(1+i)^n - 1}$ 是普通年金终值系数的倒数，称为"偿债基金系数"，记作（A／F，i，n）。 【提示】（1）偿债基金和普通年金终值互为逆运算；（2）偿债基金系数和年金终值系数是互为倒数的关系（记忆口诀：年终偿债，年关难过）。
年资本回收额的计算		年资本回收额是指在约定年限内等额回收初始投入资本的金额。年资本回收额的计算实际上是已知普通年金现值P，求年金A。 计算公式如下：$A = P\dfrac{i}{1-(1+i)^{-n}}$ 式中，$\dfrac{i}{1-(1+i)^{-n}}$ 称为"资本回收系数"，记作（A／P，i，n）。 【提示】（1）年资本回收额与普通年金现值互为逆运算；（2）资本回收系数与普通年金现值系数互为倒数。

【知识总结】系数之间的关系

1. 互为倒数关系

表7-8 互为倒数关系

复利终值系数×复利现值系数＝1
年金终值系数×偿债基金系数＝1
年金现值系数×资本回收系数＝1

2. 预付年金系数与年金系数

表7-9　预付年金系数与年金系数的关系

相关系数	关系
预付年金终值系数与普通年金终值系数	（1）期数加1，系数减1。 （2）预付年金终值系数＝普通年金终值系数×（1+i）。
预付年金现值系数与普通年金现值系数	（1）系数加1，期数减1。 （2）预付年金现值系数＝普通年金现值系数×（1+i）。

（三）名义利率与实际利率

名义利率与实际利率的关系如表7-10所示。

表7-10　名义利率与实际利率的关系

一年多次计息时的名义利率与实际利率	名义利率与实际利率的换算关系如下： $i=(1+r/m)^m-1$ 【提示1】式中，i为实际利率，r为名义利率，m为每年复利计息次数。 【提示2】 当每年计息一次时：实际利率＝名义利率； 当每年计息多次时：实际利率＞名义利率。
通货膨胀情况下的名义利率与实际利率	名义利率，是央行或其他提供资金借贷的机构所公布的未调整通货膨胀因素的利率，即利息（报酬）的货币额与本金的货币额的比率，即指包括补偿通货膨胀（包括通货紧缩）风险的利率。实际利率是指剔除通货膨胀率后储户或投资者得到利息回报的真实利率。 名义利率与实际利率之间的关系为：1＋名义利率＝（1＋实际利率）×（1＋通货膨胀率），所以，实际利率的计算公式为： $$实际利率=\frac{1+名义利率}{1+通货膨胀率}-1$$

第二节 产品成本核算概述

一、产品成本核算的要求

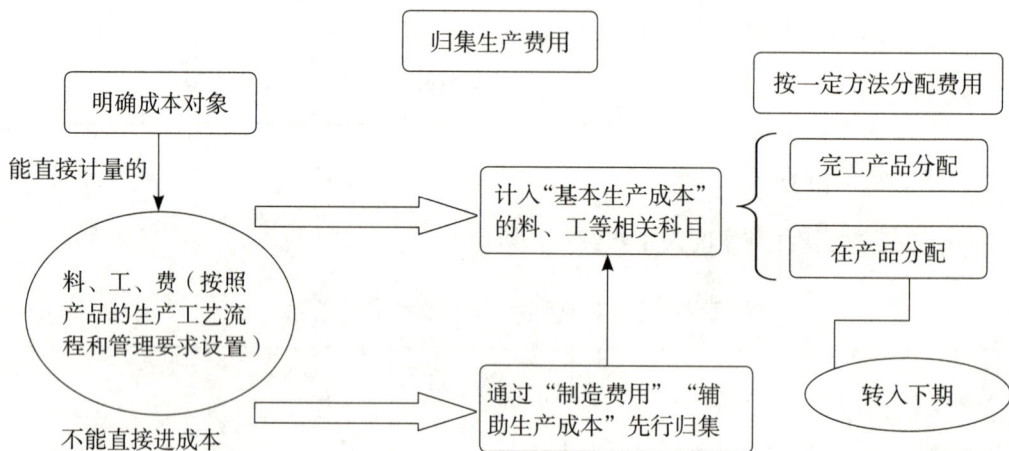

图7-2 产品成本核算的要求

提示

1. 通过"辅助生产成本"科目先行归集的费用，需要在期末最先做分配，按照符合企业生产管理的方法分配费用到相关费用收益的部门。五种分配方法：直接分配、交互分配、计划成本分配、顺序分配、代数分配法。

2. 期末对归集完毕的生产成本进行完工分配的时候有六种分配方法，这六种分配方法是分配完工产品的方法和费用的分配方法区别开来。

（一）做好各项基础工作

为进行产品成本核算，企业应当建立健全各项原始凭证收集系统，并做好各项材料物资的计量、收发、领用、转移、报废和盘点工作。包括材料物资收发领用，劳动用工和工资发放，机械设备交付使用以及水、电、暖等消耗的原始记录，并做好相应的管理工作以及定额的制定和修订工作等。

同时，产品成本计算，往往需要以产品原材料和工时的定额消耗量和定额费用作为计算标准，因此，也需要制定或修订材料、工时、费用的各项定额，使成本核算具有可靠的基础。

（二）正确划分各种费用支出的界限

各种费用支出的划分界限，具体如表7-11所示。

表7-11　各种费用支出的划分界限

费用支出的分类	认定标准
收益性支出和资本性支出的认定	收益性支出是计入当期损益，影响当期损益的支出。资本性支出是计入资产的成本，影响资产价值的支出。
成本费用、期间费用和营业外支出的认定	成本性费用计入资产成本中，例如制造费用（是费用不是损益类科目）。期间费用是生产经营期间不能核算计入成本的支出，包括财务费用、销售费用、管理费用。营业外支出是非日常的损失。
本期费用与以后期间费用的认定	本期费用是本期发生的费用，体现在当期账目里。以后期间费用是将来期间发生核算的费用。
各种产品成本费用的认定	各种产品成本费用的认定可按产品品种登记。
本期完工产品与期末在产品成本的认定	本期完工产品与期末在产品的成本认定。

上述五方面费用的划分应遵循受益原则，即谁受益谁负担，何时受益何时负担，负担费用与受益程度成正比。

（三）根据生产特点和管理要求选择适当的成本计算方法

产品成本的计算，关键是选择适当的产品成本计算方法。目前，企业常用的产品成本计算方法有品种法、分批法、分步法、分类法、定额法、标准成本法等。

((o)) 提示

品种法、分批法、分步法是成本核算的最基础的方法。

（四）遵守一致性原则

企业产品成本核算采用的会计政策和会计估计一经确定，不得随意变更。在成本核算中，各种处理方法要前后一致，使前后各项的成本资料相互可比。

（五）编制产品成本报表

企业一般应当按月编制产品成本报表，全面反映企业生产成本、成本计划执行情况、产品成本及其变动情况等。企业可以根据自身管理要求，确定成本报表的具体格式和列报方式。

二、产品成本核算的一般程序

1. 根据生产特点和成本管理的要求，确定成本核算对象。

2. 确定成本项目。

3. 设置有关成本和费用明细账。

4. 收集确定各种产品的生产量、入库量、在产品盘存量以及材料、工时、动力消耗等，并对所有已发生费用进行审核。

5. 归集所发生的全部费用，并按照确认的成本计算对象予以分配，按成本项目计算各种产品的在产品成本、产品成本和单位成本。

6. 结转成本销售成本。

为了进行产品成本和期间费用核算，企业一般应设置"生产成本""制造费用""主营业务成本""税金及附加""销售费用""管理费用""财务费用"等科目。如果需要单独核算废品损失和停工损失，还应设置"废品损失"和"停工损失"科目。

三、产品成本核算对象

（一）产品成本核算对象的概念

产品成本核算对象是指确定归集和分配生产费用的具体对象，即生产费用承担的客体。成本核算对象的确定，是设立成本明细分类账户、归集和分配生产费用以及正确计算产品成本的前提。

（二）成本核算对象的确定

产品品种、每批或每件产品、每种产品及各生产步骤或上述方法的结合。

成本核算对象的确定应该本着会计信息准确性的原则，根据产品成本管理的特点和产品的生产工艺流程特点综合考虑确定。

四、产品成本项目

成本项目是对成本核算对象的详细分类，是为了更加准确地核算成本支出而细化的会计科目，详见表7-12。

表7-12 产品成本项目

直接材料	直接计入产品成本的原材料、辅助材料、备品配件、外购半成品、包装物、低值易耗品等费用。
燃料及动力	直接用于产品生产的外购和自制的燃料和动力。
直接人工	企业在生产产品和提供劳务过程中为获取直接从事产品生产人员提供的服务而给予各种形式的报酬以及其他相关支出。
制造费用	企业为生产产品和提供劳务而发生的各项间接费用，如企业生产部门（如生产车间）发生的水电费、固定资产折旧、无形资产摊销，管理人员的职工薪酬、劳动保护费、国家规定的有关环保费用、季节性和修理期间的停工损失等不能根据原始凭证或原始凭证汇总表直接计入成本的费用。
废品损失、直接燃料和动力	企业可根据具体情况，增设该成本项目。

第三节 产品成本的归集和分配

一、产品成本归集和分配的基本原则

产品成本归集和分配的基本原则，如表7-13所示。

表7-13 产品成本归集和分配的基本原则

概念	企业所发生的生产费用，能确定由某一成本核算对象负担的，应当按照所对应的产品成本项目类别，直接计入产品成本核算对象的生产成本；由几个成本核算对象共同负担的，应当选择合理的分配标准分配计入。
归集原则	1. 受益性原则，即谁受益，谁负担，负担多少视受益程度而定。 2. 及时性原则，即要及时将各项成本费用分配给受益对象，不应将本应在上期或下期分配的成本费用分配给本期。 3. 成本效益性原则，即成本分配所带来的效益要远大于分配成本。 4. 基础性原则，即成本分配要以完整、准确的原始记录为据。 5. 管理性原则，即成本分配要有助于企业加强成本管理。

二、要素费用的归集和分配

（一）成本核算的科目设置

成本核算的科目设置，具体见表7-14。

表7-14 成本核算的科目设置

生产成本	科目设置	一般企业	生产成本——基本生产成本 生产成本——辅助生产成本	生产成本是明细账户
		辅助生产成本较多的企业	基本生产成本 辅助生产成本	辅助生产成本是生产成本的明细科目

（续上表）

生产成本	核算内容	基本生产成本：借方核算归集按成本计算对象归集的直接材料、直接人工和分配的制造费用等；贷方核算登记完工转出的产品成本；期末余额在借方，表示尚未完工的产品成本，列式于资产负债表中的存货项目（下期的期初余额）。 辅助生产成本：借方核算用来归集当期辅助生产车间发生的直接材料、直接人工和分配的制造费用等；贷方核算期末分配转出的辅助生产成本。最终分配给基本的生产车间的先计入"制造费用"科目，管理部门、销售部门等部门承担的费用计入"管理费用""销售费用"科目。
制造费用	核算内容	借方核算生产车间发生的不能直接计入产品成本的机物料消耗、车间管理人员的薪酬、车间管理用房屋和设备的折旧费发生季节性的停工损失等间接性费用。 贷方核算期末按照一定分配标准分配到产品成本的制造费用。 制造费用一般情况下当期汇总核算车间的间接性费用，期末按照标准分配到生产成本中，分配后期末一般无余额。

【提示1】"制造费用"科目与"生产成本——制造费用"科目的区别，"制造费用"科目是用来归集当期发生的生产车间发生的一切间接性的费用。

【提示2】"辅助生产成本"科目与"制造费用"科目的关系，举例说明：

1. 当期发生辅助生产成本的支出时（先成本汇总）：

借：辅助生产成本

　　贷：原材料

　　　　应付职工薪酬

2. 期末，将辅助生产成本金额按照相关分配方法分入相关部门：

借：制造费用——第一车间

　　　　　　——第二车间

　　管理费用

　　销售费用

　　贷：生产成本——辅助生产成本（机修车间）

　　　　生产成本——辅助生产成本（锅炉车间）

（二）材料、燃料、动力的归集和分配

对于能分产品领用的材料、人工费用，直接计入产品成本的"直接材料""直接人工"等项目。

对于不能分产品领用的材料、人工费用，分配计入各相关成本的"直接材料""直接人工"等项目。

对于不能分产品领用的材料，需要采用适当的分配方法，分配计入"直接材料"项目。

分配时的公式：

材料、燃料、动力费用分配率＝材料、燃料、动力消耗总额÷分配标准A（如产品重量、耗用的原材料、生产工时等）

某种产品应负担的材料、燃料、动力费用＝该产品的重量、耗用的原材料、生产工时等×材料、燃料、动力费用分配率

在消耗定额比较准确的情况下，原材料、燃料也可按照产品的材料定额消耗量比例或材料定额费用比例进行分配。

1. 通用分配公式：

间接费用分配率＝待分配的间接费用÷各种产品分配标准合计

2. 分配标准：产品重量、消耗定额、生产工时、产品产量、产值比例等。

3. 某产品应分配的费用金额＝分配率×该种产品的分配标准

材料、燃料、动力分配的账务处理，如表7-15所示。

表7-15　材料、燃料、动力分配的账务处理

分配对象	借方科目	贷方科目
分配材料、燃料及动力	生产成本、制造费用等	原材料
职工薪酬	生产成本、制造费用等	应付职工薪酬

（三）职工薪酬的归集和分配

职工薪酬是企业在生产产品或提供劳务活动过程中所发生的各种直接和间接人工费用的总和。实务中通常有两种处理方法，详见表7-16。

表7-16　职工薪酬归集和分配的方法

归集分配的方法	能直接进入产品生产的生产工人的职工薪酬，直接计入产品成本的"直接人工"成本项目。
	不能直接计入产品成本的职工薪酬，按工时、产品产量、产值比例等方式进行合理分配，记入各相关产品成本的"直接人工"项目。
分配的通用公式	生产工资费用分配率＝各种产品生产工资总额÷各种产品生产工时（或产量、产值比例）之和 某种产品应分配的生产工资＝该种产品生产工时×生产工资费用分配率
账务处理	借：基本生产成本 　　辅助生产成本 　　制造费用 　　管理费用 　　销售费用 　贷：应付职工薪酬

（四）辅助生产费用的归集和分配

1. 辅助生产费用的归集

辅助生产车间为企业的基本生产车间、行政管理部门提供产品或劳务而发生的原材料费用、动力费用、工资及福利费用以及辅助生产车间的制造费用，被称为辅助生产费用。辅助生产费用的归集和分配，是通过"辅助生产成本"明细科目核算。

2. 辅助生产费用的分配及账务处理

辅助生产费用的分配应通过辅助生产费用分配表进行（会计人员编制），辅助生产费用的分配方法很多，通常采用直接分配法、交互分配法、计划成本分配法、顺序分配法和代数分配法等，详见表7-17。重点记忆直接分配法、交互分配法。

表7-17　辅助生产费用的分配方法

直接分配法	概念	直接分配法是不考虑各辅助生产车间之间相互提供劳务或产品的情况，而是将各种辅助生产费用直接分配给辅助生产以外的各受益单位。
	优缺点	此方法，各辅助生产费用只进行一次对外分配，计算简单，但分配结果不够准确。适用于辅助生产内部相互提供产品和劳务不多、不进行费用的交互分配、对辅助生产成本和企业产品成本影响不大的情况。
交互分配法	概念	1. 先对内分配，计算第一次单位成本； 2. 辅助车间的总成本＝原成本＋转入成本－转出成本； 3. 再对外分配，计算第二次单位成本。 对内交互分配率＝辅助生产费用总额÷辅助生产提供的总产品或劳务总量 对外分配率＝（交互分配前的成本费用＋交互分配转入的成本费用－交互分配转出的成本费用）÷对辅助以外的其他部门提供的产品或劳务总量
	优点	提高了分配的正确性，但同时加大了分配的工作量。
按计划成本分配法	概念	计划成本分配法的特点是辅助生产为各受益单位提供的劳务，都按劳务的计划单位成本进行分配，辅助生产车间实际发生的费用（包括辅助生产内部交互分配转入的费用，不需要减转出的费用，即只加不减）与按计划单位成本分配转出的费用之间的差额采用简化计算方法全部计入管理费用。
	特点	这种方法便于考核和分析受益单位的成本，有利于分清各单位的经济责任。但成本分配不够准确，适用于辅助生产劳务计划单位成本比较准确的企业。 各受益单位应负担的辅助生产成本＝该受益单位劳务耗用量×计划单位成本 实际成本＝辅助生产成本归集的费用＋按计划分配率分配转入的费用 【注意】不需要减去转出的费用，即只加不减。

（续上表）

顺序分配法	受益少的先分配，供电车间受益少，先分配该车间的电，分配至零，部分分给机修车间，机修车间成本增加；机修不再分配给供电车间，否则就绕循环了。 顺序分配法计算注意： 1．第一次分配直接根据已知计算。 2．第二次分配时，分子变大，分母变小。
代数分配法	代数分配法的特点是先根据解联立方程的原理，计算辅助生产劳务或产品的单位成本，然后根据各受益单位耗用的数量和单位成本分配辅助生产费用。此方法有关费用的分配结果最正确，但在辅助生产车间较多的情况下，未知数也较多，计算工作比较复杂，因此，本方法适用于已经实现电算化的企业。

（五）制造费用的归集和分配

制造费用包括物料消耗、车间管理人员的薪酬、车间管理人员用房屋建筑物和设备的折旧费、租赁费和保险费。车间管理用具摊销、车间管理用的照明费、水费、取暖费、劳务保护费、设计制图费、实验检验费、差旅费、办公费、季节性及修理期间停工损失等。

制造费用分配率＝制造费用总额÷各产品分配标准之和

某种产品应分配的制造费用＝该产品分配标准×制造费用分配率

> **提示**
>
> 分配标准包括：产品生产工时、生产工人定额工时、生产工人工资、机器工时、产品计划产量定额工时。

（六）废品损失和停工损失的核算

1．废品损失的核算

废品损失是指在生产过程中发生的和入库后发现的不可修复废品的生产成本，以及可修复废品的修复费用，扣除回收的废品残料价值和应收赔款以后的损失。具体内容见表7–18。

表7-18　废品损失的核算

不可修复废品损失	废品损失采用按废品所耗实际费用计算时，要将废品报废前与合格品在一起计算的各项费用，采用适当的分配方法，在合格品与废品之间进行分配。
可修复废品损失	可修复废品返修以前发生的生产费用，不是废品损失，不需要计算其生产成本，而应留在"基本生产成本"科目和所属有关产品成本明细账中，不需要转出。返修发生的各种费用，应根据各种费用分配表，记入"废品损失"科目的借方。

【提示】不通过"废品损失核算"的情况：1. 经质量检验部门鉴定不需要返修，可降价出售的不合格品；2. 产品入库后由于保管不善原因而损坏变质的产品；3. 实行"三包"企业在产品出售后发现的废品。

2. 停工损失的核算

停工损失的核算的具体内容见表7-19。

表7-19　停工损失的核算

停工概念	1. 正常停工：季节性停工；正常大修停工；计划内减产停工。 2. 非正常停工：原材料或工具等短缺停工；设备故障停工；电力中断停工；自然灾害停工等。
停工损失	是指生产车间或车间内某个班组在停工期间发生的各项费用。包括：停工期间的原材料费用、人工费用和制造费用等。 【提示】不包括：1. 应由过失单位或保险公司负担的赔款；2. 不满一个工作日的停工。
核算	不设立"停工损失"科目，直接反映在"制造费用"和"营业外支出"等科目中。辅助生产一般不单独核算停工损失。 【提示1】非正常性停工即计划外停工的费用应计入企业当期损益。 【提示2】单独核算停工损失的企业，应在成本项目中增设"停工损失"项目。

三、生产费用在完工产品和在产品之间的归集和分配

分配方法的关键点就是核算在产品的数量，在产品成本与完工产品成本之和就是产品的生产费用总额。本月完工产品成本＝本月发生生产成本＋月初在产品成本－月末在产品成本，具体分配方法如表7-20所示。

表7-20 生产费用在完工产品和在产品之间的分配方法

不计算在产品成本法	这种方法适用于各月末在产品数量很小的产品。期末不考虑在产品成本。
在产品按固定成本计价法	月末在产品数量或大或小，但数量是稳定的。采用在产品按固定成本计价法，假设各月末在产品的成本数据是几乎固定不变的，所以某种产品本月发生的生产成本就是本月完工产品的成本（水泥、化肥等）。
在产品按所耗直接材料成本计价法	企业生产机械化程度高，期末在产品数量不稳定，采用在产品按所耗直接材料成本计价法，月末在产品只计算按所耗直接材料成本。这种方法适用于各月月末在产品数量较多，各月在产品数量变化也较大，直接材料成本在生产成本中所占的比重较大且材料在生产开始时一次就全部投入的产品。
约当产量比例法	采用约当产量比例法，应将月末在产品数量按其完工程度折算为相当于完工产品的产量，即约当产量，然后将产品应负担的全部成本按照完工产品产量与月末在产品约当产量的比例分配计算完工产品成本和月末在产品成本。这种方法适用于产品数量较多，各月在产品数量变化也较大，且生产成本中直接材料成本和直接人工等加工成本的比重相差不大的产品。 在产品约当产量＝在产品数量×完工程度
在产品按定额成本计价法	在产品按定额成本计价法，月末在产品成本按定额成本计算，该种产品的全部成本（如果有月末在产品，包括月初在产品成本在内）减去按定额成本计算的月末在产品成本，余额作为完工产品成本；每月生产成本脱离定额的节约差异或超支差异全部计入当月完工产品成本。

（续上表）

定额比例法	产品的生产成本在完工产品和月末在产品之间按照两者的定额消耗量或定额成本比例分配，其中直接材料成本按直接材料的定额消耗量或定额成本比例分配。直接人工等加工成本可以按各该定额成本的比例分配，也可按定额工时比例分配。这种方法适用于各项消耗定额或成本定额比较准确、稳定，但各月末在产品数量变动较大的产品。
在产品按完工产品成本计价法	将在产品视同完工产品计算，分配生产费用，适用于月末在产品已接近完工，或产品已经加工完毕但尚未验收或包装入库的产品。

【知识汇总】记忆关键点——在产品数量。

表7-21　完工产品成本分配方法比较

完工产品成本分配方法	在产品数量	变化情况
不计算在产品成本法	少，可忽略不计	谈不上变化
在产品按固定成本计算法	或少或多	数量稳定，几乎不变
在产品按所耗直接材料成本计价法	数量多	数量变化大，且直接材料占比高
约当产量法	数量多	数量变化大，产品的料工费占比均衡
在产品按定额成本计算法	定额消耗非常精准	在产品数量变化较小
定额比例法	定额消耗非常精准	在产品数量变化较大
在产品按完工产品成本计价法	将在产品视同完工产品计算，分配生产费用，适用于月末在产品已接近完工，或产品已经加工完毕但尚未验收或包装入库的产品。	

【计划成本总结】初级会计考试中涉及到三次计划成本的核算，详见表7-22。

表7-22　计划成本的核算

存货的发出计量	材料购进时（进）	实际购买材料和计划成本入库会产生材料成本差异，超支计借方（左边），节约计贷方（右边），记忆技巧：左超车、右被截（节）。
	材料出库时（出）	将出库的计划成本数据还原成实际成本，平均分摊的理念，用当期总的差异额除以当期总的计划成本计算出单位材料成本差异率，差异率正数表示增加实际成本（成本借方表示增加），借相关成本科目，贷"材料成本差异"科目；差异率负数表示减少实际成本（成本贷方表示减少），贷相关成本科目，借"材料成本差异"科目。
辅助生产费用的分配方法		记忆的关键点是计划数与实际数的差异计入"管理费用"科目。
完工产品与在产品的分配方法		记忆的关键点是每月生产成本脱离定额的节约差异或超支差异全部计入当月完工产品成本。

四、联产品和副产品的成本的分配

（一）联产品的成本分配

联产品的成本分配，详见表7-23所示。

表7-23　联产品的成本分配

概念	是指使用同种原料，经过同一生产过程同时生产出来的两种或两种以上的主要产品。
特点	在生产开始时，各产品尚未分离，同一加工过程中对联产品的联合加工。当生产过程进行到一定生产步骤，产品才会分离。在分离点以前发生的生产成本，称为联合成本。 "分离点"是指在联产品生产中，投入相同原料，经过同一生产过程，分离为各种联产品的时点。分离后的联产品，有的直接销售，有的还需进一步加工才可供销售。

（续上表）

核算程序	（1）将联产品作为成本核算对象，设置成本明细。注意在分离之前，必须按联产品作为成本核算对象。 （2）归集联产品成本，计算联合成本。联产品发生的成本为联合成本。 （3）计算各种产品的成本。企业应当根据生产经营特点和联产品的工艺要求，选择系数分配法、实物量分配法、相对销售价格分配法等合理的方法分配联合生产成本。 （4）计算联产品分离后的加工成本。联产品分离后继续加工的，按各种产品分别设置明细账，归集其分离后所发生的加工成本。

（二）副产品的成本分配

副产品的成本分配，详见表7-24所示。

表7-24　副产品的成本分配

概念	副产品是指在同一生产过程中，使用同种原料，在生产主产品的同时附带生产出来的非主要产品。
分配方法	1. 不计算副产品扣除成本法。 2. 副产品成本按固定价格或计划价格计算法。 3. 副产品只负担继续加工成本法。 4. 联合成本在主副产品之间分配法。 5. 副产品作价扣除法。

【提示1】副产品作价扣除法需要从产品售价中扣除继续加工成本、销售费用、销售税金及相应的利润，即：副产品扣除单价＝单位售价－（继续加工单位成本＋单位销售费用＋单位销售税金＋合理的单位利润）。

【提示2】如果副产品不需要进一步加工直接销售，副产品扣除单价＝单位售价－(单位销售费用＋单位销售税金＋合理的单位利润)。

【提示3】如果副产品需要进一步加工才能销售，企业应当根据副产品进一步加工生产的特点和管理要求，采用适当的方法单独计算副产品成本。

第四节 产品成本计算方法

一、产品成本计算方法概述

产品成本计算方法的概述，详见表7-25。

表7-25 产品成本计算方法概述

产品成本计算基本方法	成本计算对象	生产类型		
		生产组织特点	生产工艺特点	成本管理
品种法	产品品种	大量大批生产	单步骤生产	不要求分步计算成本
			多步骤生产	
分批法	产品批别	单件小批生产	单步骤生产	不要求分步计算成本
			多步骤生产	
分步法	生产步骤	大量大批生产	多步骤生产	要求分步计算成本

(((o))) 提示

1. 成本计算对象的确定，是正确计算产品成本的前提，也是区分各种成本计算方法的主要标准（实务中按照管理和产品工艺流程确定）。

2. 确定产品成本计算的主要因素：成本计算期与会计期间是否统一；生产费用是否需要在完工产品之间的分配。

3. 不同的成本计算对象决定了不同的成本计算期和生产费用在完工产品和在产品之间的分配。

二、产品成本计算方法的汇总

产品成本计算方法的汇总，详见表7-26。

表7-26　产品成本计算方法的汇总

基本方法	适用范围（重点）	成本计算对象	成本计算期	完工产品与在产品成本划分
品种法	大量大批的单步骤生产的企业以及管理上不要求按照生产步骤计算产品成本的多步骤生产。【举例】发电、供水、采掘。	产品品种	一般定期计算产品成本，成本计算期与会计核算报告期一致。	如果月末有在产品，要将生产费用在完工产品和在产品之间进行分配。
分批法	单件小批类型的生产。【举例】造船、重型机械、精密仪器、新产品试制、设备修理等。	产品的批别	成本计算期与产品生产周期基本一致，而与核算报告期不一致。	一般不存在完工产品与在产品之间分配费用的问题。
分步法	它适用于大量大批的，管理上要求按照生产步骤计算产品成本的多步骤生产。【举例】冶金、纺织、机械制造。	各种产品的生产步骤	一般定期计算产品成本，成本计算期与会计核算报告期一致。	月末需将生产费用在完工产品和在产品之间进行费用分配；除了按品种计算和结转产品成本外，还需要计算和结转产品的各步骤成本。

【分步法考点汇总】

分步法考点汇总，详见表7-27所示。

表7-27　分步法考点汇总

	逐步结转分步法	平行结转分步法
半成品成本核算与否	核算	不核算
生产费用与半成品实物是否同步转移	同步 【提示】生产费用随半成品实物的转移而结转。	不同步 【提示】生产费用不随半成品实物的转移而结转。
完工产品的概念	各步骤完工的半成品，在期末就是生产步骤所指的"完成产品"，最后一步的叫完工产成品。	仅指最终完工的产成品。
在产品的概念	仅指本步骤尚未加工完成的半成品——狭义在产品。	既包括本步骤尚未加工完成的半成品，也包括本部加工完毕，但尚未最终完工的产品——广义在产品。
是否需要进行成本还原	逐步综合结转分步法，因为上一步的成本是下一步的材料，所以需要进行成本还原。 【特别记忆】逐步分项结转分步法不需要成本还原。	不需要进行成本还原。
能否同时计算产成品成本	需要按生产顺序转移逐步累计，直到最后一个步骤才能计算出产成品成本，所以不能同时核算成品的成本。	各步骤能同时计算产品成本，平行汇总计算产成品成本。
两种方法的优点	1．能提供各个生产步骤的半成品成本资料。 2．为各生产步骤的在产品实物管理及资金管理提供资料。 3．能够全面地反映各生产步骤的生产耗费水平，更好地满足各生产步骤成本管理的要求。	1．各步骤可以同时计算产品成本，平行汇总计入产成品成本，不必逐步结转半成品成本。 2．能够直接提供按原始成本项目反映的产成品的成本资料，不必进行成本还原，因而能够简化和加速成本计算工作。

（续上表）

	逐步结转分步法	平行结转分步法
两种方法的缺点	成本结转工作量较大，各生产步骤的半成品成本如果采用逐步综合结转方法，还要进行成本还原，增加了核算的工作量。	1．不能提供各步骤半成品的成本资料，不便于进行在产品的实物管理和资金管理。 2．在产品的费用在产品最后完成以前，不随实物转出而转出，即不按其所在的地点登记，而按其发生的地点登记，因而不能为各个生产步骤在产品的实物管理和资金管理提供资料。 3．各生产步骤的产品成本不包括所耗半成品费用，因而不能全面地反映各步骤产品的生产消耗水平（第一步骤除外），不能更好地满足这些步骤成本管理的要求。
适用范围	适用于大量大批连续式复杂性生产的企业。 【提示】该种类型的企业，不仅将产成品作为商品对外销售，而且生产步骤所产半成品也经常作为商品对外销售，如纺织厂的棉纱、钢铁厂的生铁、钢锭等，都需要计算半成品成本。	适用于大量大批多步骤生产，但又不需要计算半成品成本的企业。

第八章　政府会计基础

第一节　政府会计基本准则

一、政府会计概述

（一）背景演变

1. 过去

我国政府领域实施的主要是以收付实现制为基础的非企业会计准则，相关的会计制度包括《财政总预算会计制度》《行政单位会计制度》《事业单位会计制度》等。

2. 现在

随着公共财政体制的建立和完善，为了适应财政改革需要。2010年医院最先改革，修订发布了《基层医疗卫生机构会计制度》《医院会计制度》。2012年修改了事业单位会计准则和制度，规定事业单位可以实现权责发生制；2015年财政部制定了《政府会计准则》，将政府会计核算分为：预算会计和财务会计。

3. 将来

逐步建立以权责发生制政府会计核算为基础，以编制和报告政府资产负债表、收入费用表等报表为核心的权责发生制政府综合财务报告制度，推进国家治理体系和治理能力现代化。

（二）政府会计改革的基本原则

1. 立足中国国情，借鉴国际经验（借鉴我国企业会计改革、国际公共部门会计准则、有关国家政府财务报告制度改革等经验）。

2．坚持继承发展，注重改革创新。

3．坚持公开透明，便于社会监督。

4．做好总体规划，稳妥有序推进。

（三）政府会计改革的任务

1．建立健全政府会计核算体系，推进财务会计与预算会计适度分离并相互衔接。

2．建立健全政府财务报告体系（政府财务报告主要包括政府部门财务报告和政府综合财务报告）。

3．建立健全政府财务报告审计和公开机制。

4．建立健全政府财务报告分析应用体系。

建立健全政府会计核算体系是前提和基础；在会计核算环节引入权责发生制，完善政府财务会计功能，为政府财务报告编制提供坚实的数据支撑；建立健全政府财务报告体系是关键，各级政府和部门需要编制资产负债表、收入费用表等财务报表，分别反映一级政府整体财务状况及各部门的财务状况；建立健全政府财务报告审计和公开机制是保障，政府综合财务报告和部门财务报告编制后，都要按规定接受审计，审计后的政府综合财务报告与审计报告依法报本级人民代表大会常务委员会备案，并按规定向社会公开，以保证财务信息的真实可靠、公开透明；加强政府财务报告分析应用是目的，以政府财务报告反映的信息为基础，系统分析政府的财务状况、运行成本和财政中长期可持续发展水平，促进政府预算、资产、负债和绩效管理加强，尤其是为地方政府发债提供一套可靠的信用评级依据，有利于地方债市场的持续健康发展。建立健全政府财务报告体系是关键；建立健全政府财务报告审计和公开机制是保障；加强政府财务报告分析应用是目的。

（四）政府会计标准体系

1．政府会计基本准则

政府会计基本准则用于规范政府会计目标、政府会计信息质量要求、政府会计核算基础，以及政府会计要素定义、确认和计量原则、列报要求等原则事项。2015年10月，财政部印发了《政府会计准则——基本准则》（以下简称《基本准则》），自2017年1月1日起施行。

2．具体准则及应用指南

政府会计具体准则依据基本准则制定，用于规范政府发生的经济业务或事项的会计处理原则，详细规定经济业务或事项引起的会计要素变动的确认、计量和报告。应用指南是对具体准则的实际应用作出的操作性规定。2016年以来，财政部相继出台了存货、投资、固定资产、无形资产、公共基础设施、政府储备物资等6项政府会计具体准则和固定资产准则应用指南。

3．政府会计制度

政府会计制度依据基本准则制定，主要规定政府会计科目及财务处理、报表体系及编制说明等，与政府会计具体准则及应用指南相互协调、相互补充。《改革方案》指出，政府会计科目设置要实现预算会计和财务会计双重功能。预算会计科目应全面准确完整反映政府预算收入、预算支出和预算结余等预算执行信息，财务会计科目应全面准确反映政府的资产、负债、净资产、收入、费用等财务信息。条件成熟时，推行政府成本会计，规定政府运行成本归集和分摊方法等，反映政府向社会提供公共服务支出和机关运行成本等财务信息。

二、政府会计基本准则

（一）政府会计主体、会计目标、会计信息质量要求

《基本准则》包括：政府会计主体、会计目标、核算体系、核算基础、会计信息质量；会计要素的确认、计量和报告等相关内容。

1．政府会计主体

（1）适用范围

《基本准则》适用于各级政府、各部门、各单位（即政府会计主体）。各级政府指各级政府财政部门，具体负责财政总（预算）会计的核算。各部门、各单位是指与本级政府财政部门直接或者间接发生预算拨款关系的国家机关、军队、正当组织、社会团队、事业单位和其他单位。

提示

政府会计准则的适用范围和政府综合财务报告的合并范围是两个不同的概念。前者是指哪些主体适用政府会计准则进行会计核算，而后者是指政府综合财务报告应当涵盖哪些主体的会计信息，除了政府会计主体，可能还会包括国有企业（执行企业会计准则）、社会主体（执行民间非营利组织会计制度）等主体。

（2）不适用范围

①军队属于部门预算范围，但《中华人民共和国会计法》（以下简称《会计法》）第8条已明确军队适用会计制度的具体办法由中国人民解放军总后勤部根据《会计法》和国家统一的会计制度制定，报国务院财政部门备案。因此，《基本准则》没有将军队纳入适用范围。

②关于纳入企业财务管理体系的单位，虽然在核定其单位性质时确定为事业单位，但单位以生产经营为主，资金运动方式与企业相似，应执行企业会计准则或小企业会计准则。

③执行《民间非营利组织会计制度》的社会团体不适用于本准则。

2．政府会计核算体系及目标

（1）双功能

政府会计由预算会计和财务会计构成。预算会计三要素：①预算收入；②预算支出；③预算结余。对政府会计主体预算执行过程中发生的全部预算收入和全部预算支出进行会计核算，主要反映和监督预算收支执行情况。

财务会计五要素：资产、负债、净资产、收入和费用，对政府会计主体发生的各项经济业务或者事项进行会计核算，主要反映和监督政府会计主体财务状况、运行情况和现金流量等。

（2）双基础

预算会计实行收付实现制，国务院另有规定的，从其规定；财务会计实行权责发生制。使得政府会计核算既能反映预算收支等流量信息，又能反映资产、负债等存量信息。

（3）双报告

政府会计主体应当编制决算报告和财务报告。政府决算报告的编制主要以收付实现制为基础，以预算会计核算生成的数据为准。政府财务报告的编制主要以权责发生制为基础，以财务会计核算生成的数据为准。

通过"双功能""双基础""双报告"的政府会计核算体系，使公共资金管理中预算管理、财务管理和绩效管理相互联结、融合，全面提高管理水平和资金使用效率。

3．核算一般要求

（1）政府会计主体应当对其自身发生的经济业务或者事项进行会计核算。

（2）政府会计核算应当以政府会计主体持续运行为前提。

（3）政府会计核算应当划分会计期间，分期结算账目，按规定编制决算报告和财务报告。会计期间至少分为年度和月度。会计年度、月度等会计期间的起讫日期采用公历日期。

（4）政府会计核算应当以人民币作为记账本位币。发生外币业务时，应当将有关外币金额折算为人民币金额计量，同时登记外币金额。

（5）政府会计核算应当采用借贷记账法记账。

4．政府会计信息质量要求

（1）可靠性

政府会计主体应当以实际发生的经济业务或者事项为依据进行会计核算，如实反映各项会计要素的情况和结果，保证会计信息真实可靠。

（2）全面性

①政府会计核算的资产不仅要包括单位占有、使用的资产、还要包括受托管理的资产，以及负责经管责任的公共基础设施、政府储备物资、文物文化资产、保障性住房和自然资源资产等。

②对于单位的基本建设投资业务，应统一纳入单位会计核算。

（3）相关性

政府会计主体提供的会计信息，应当与反应政府会计主体公共受托责任履行情况，以及报告使用者决策或者监督、管理的需要相关。会计信息是否有用，是否具有价值，关键是看其与报告使用者决策需要是否相关。

（4）及时性

政府会计主体对已经发生的经济业务或者事项，应当及时进行会计核算，不得提前或者延后。及时性要求：

①在经济业务或者事项发生后，及时收集整理各种原始单据或者凭证；

②及时对经济业务或者事项进行确认或者计量，并编制报告；

③及时地将编制的报告传递给报告使用者，便于其及时使用和决策。

（5）可比性

①纵向可比：同一政府会计主体不同时期发生的相同或者相似的经济业务或者事项，应当采用一致的会计政策，不得随意变更。确需变更的，应当将变更的内容、理由及其影响在附注中予以说明。

②横向可比：不同政府会计主体发生的相同或者相似的经济业务或者事项，应当采用一致的会计政策，确保政府会计信息口径一致，相互可比。

（6）可理解性

政府会计主体提供的会计信息应当清晰明了，便于报告使用者理解和使用。

（7）实质重于形式

记住融资租赁即可。

（二）政府财务会计要素

政府财务会计要素包括资产、负债、净资产、收入和费用。具体内容如表8-1所示。

表8-1　政府财务会计要素

要素		内容
资产	概念	是指政府会计主体过去的经济业务或者事项形成的，由政府会计主体控制的，预期能够产生服务潜力或者带来经济利益流入的经济资源。
	类别	1．流动资产是指预计在一年内（含一年）耗用或者可以变现的资产，包括货币资金、短期投资、应收及预付款项、存货等。 2．非流动资产是指流动资产以外的资产。包括固定资产、在建工程、无形资产、长期投资、公共基础设施、政府储备资产、文物文化资产、保障性住房和自然资源资产等。
	确认条件	1．与该经济资源相关的服务潜力很可能实现或者经济利益很可能流入政府会计主体； 2．该经济资源的成本或者价值能够可靠地计量。
	计量属性	政府资产的计量属性主要包括历史成本、重置成本、现值、公允价值和名义金额。
负债	概念	指政府会计主体过去的经济业务或者事项形成的，预期会导致经济资源流出政府会计主体的现时义务。现时义务是指政府会计主体在现行条件下已承担的义务。

（续上表）

要素		内容
负债	分类	1．流动负债是指预计在一年内（含一年）偿还的负债，包括应付及预收款项、应付职工薪酬、应缴款项等。 2．非流动负债是指流动负债以外的负债，包括长期应付款、应付政府债券和政府依法担保形成的债务等。
	确认条件	1．履行该义务很可能导致含有服务潜力或者经济利益的经济资源流出政府会计主体； 2．该义务的金额能够可靠地计量。
	计量属性	政府负债的计量属性主要包括历史成本、现值和公允价值。政府会计主体在对负债进行计量时，一般应当采用历史成本。
净资产		是指政府会计主体资产扣除负债后的净额，其金额取决于资产和负债的计量。
收入	概念	指报告期内导致政府会计主体净资产增加的、还有服务潜力或者经济利益的经济资源的流入。
	确认条件	1．与收入相关的，含有服务潜力或者经济利益的经济资源很可能流入政府会计主体； 2．含有服务潜力或者经济利益的经济资源流入会导致政府会计主体上增加或者负债减少； 3．流入金额能够可靠地计量。
费用	概念	指报告期内导致政府会计主体净资产减少的、含有服务潜力或者经济利益的经济资源的流出。
	确认条件	1．与费用相关的含有服务潜力或者经济利益的经济资源很可能流出政府会计主体； 2．含有服务潜力或者经济利益的经济资源流出会导致政府会计主体资产减少或者负债增加； 3．流出金额能够可靠地计量。

（三）政府预算会计要素

政府预算会计要素包括预算收入、预算支出与预算结余。

1. 预算收入：是指政府会计主体在预算年度内依法取得的并纳入预算管理的现金流入。预算收入一般在实际收到时予以确认，以实际收到的金额计量。

2. 预算支出：是指政府会计主体在预算年度内依法发生，并纳入预算管理的现金流出。预算支出一般在实际支付时予以确认，以实际支付的金额计量。

3. 预算结余：指政府会计主体预算年度内预算收入扣除预算支出后的资金金额，以及历年滚存的资金余额，预算结余包括结余资金和结转资金。

（四）政府财务报告

1. 政府财务报告的构成和内容如表8-2所示。

表8-2 政府财务报告的构成和内容

概念		政府财务报告是反映政府会计主体某一特定日期的财务状况和某一会计期间的运行情况和现金流量等信息的文件。
从内容分	财务报表	（1）资产负债表、收入费用表和现金流量表； （2）对资产负债表、收入费用表、现金流量表报表中列示项目所作的进一步说明，以及对未能在这些报表中列示项目的说明。
	应披露的其他信息	相关基建信息、食堂账信息等。
从编制主体分	部门财务报告	反映本部门的财务状况和运行情况。
	综合财务报告	由财政部门编制，反映政府整体的财务状况、运行情况和财政中长期可持续性。

2. 政府财务报告编报

（1）政府部门财务报告的编报

①清查核实资产负债：

各部门、各单位要按照统一要求有计划、有步骤清查核实固定资产、无形资产以及代表政府管理的储备物资、公共基础设施、企业国有资产、应收税款等资产，按规定界定产权归属、开展价值评估；分类清查核实部门负债情况。清查核实后的资产负债统一按规定进行核算和反映。

②编制政府部门财务报告：

各单位应在政府会计准则体系和政府财务报告制度框架体系内，按时编制以资产负债表、收入费用表等财务报表为主要内容的财务报告。各部门应合并本部门所属单位的财务报表，编制部门财务报告。

③开展政府部门财务报告审计：

部门财务报告应保证报告信息的真实性、完整相及合规性，接受审计。

④报送并公开政府部门财务报告：

部门财务报告以及审计报告应报送本级政府财政部门，并按规定向社会公开。

⑤加强部门财务分析：

部门应充分利用财务报告反映的信息，加强对资产状况、债务风险、成本费用、预算执行情况的分析，促进预算管理、资产负债管理和绩效管理有机衔接。

（2）政府综合财务报告编报

①清查核查财政直接管理的资产负债：

财政部门要清查核实代表政府持有的相关国际组织和企业的出资人权益；代表政府发行的国债、地方政府债券，举借的国际金融组织和外国政府贷款、其他政府债务以及或有债务。清查核实后的资产负债统一按规定进行核算和反映。

②编制政府综合财务报告：

各级政府财政部门应合并各部门和其他纳入合并范围主体的财务报表，编制以资产负债表、收入费用表等财务报表为主要内容的本级政府综合财务报告。县级以上政府财政部门要合并汇总本级政府综合财务报告和下级政府综合财务报告，编制本行政区政府综合财务报告。

③开展政府综合财务报告审计：

政府综合财务报告应保证报告信息的真实性、完整性及合规性，接受审计。

④报送并公开政府综合财务报告：

政府综合财务报告及其审计报告，应依法报送本级人民代表大会常务委员会备案，并按规定向社会公开。

⑤应用政府综合财务报告信息：

政府综合财务报告中的相关信息可作为考核地方政府绩效、分析政府财务状况、开展地方政府信用评级、编制全国和地方资产负债表以及制定财政中长期规划和其他相关规划的重要依据。

（五）政府决算报告

政府决算报告是综合反应政府会计主体年度预算收支执行结果的文件。政府决算报告应当包括决算报表和其他应当在决算报告中反映的相关信息和资料。政府决算报告与政府综合财务报告的主要区别如表8-3所示。

表8-3　政府决算报告与政府综合财务报告的主要区别

	政府决算报告	政府综合财务报告
编制主体	各级政府财政部门、各部门、各单位	各级政府财政部门、各部门、各单位
反映的对象	一级政府年度预算收支执行情况的结果	一级政府整体财务状况、运行情况和财政中长期可持续性
编制基础	收付实现制	权责发生制
数据来源	与预算会计核算生成的数据为准	以财务会计核算生成的数据为准
编制方法	汇总	合并
报送要求	本级人民代表大会常务委员会审查和批准	本级人民代表大会常务委员会备案

（六）《基本准则》的重大制度理论创新

1. 构建了政府预算会计和财务会计适度分离并相互衔接的政府会计核算体系：《基本准则》强化了政府财务会计核算，即政府会计由预算会计和财务会计构成，前者一般实行收付实现制，后者实行权责发生制。通过预算会计核算形成决算报告，通过财务会计核算形成财务报告，全面、清晰反映政府预算执行信息和财务信息。

2. 确立了"3+5要素"的会计核算模式：《基本准则》规定预算收入、预算支出和预算结余3个预算会计要素和资产、负债、净资产、收入和费用5个财务会计要素。其中，首次提出收入、费用两个要素，有别于现行预算会计中的收入和支出要素，主要是为了准确反映政府会计主体的运行成本，科学评价政府资源管理能力和绩效。

3. 科学鉴定了会计要素的定义和确认标准：《基本准则》针对每个会计要素，规范了其定义和确认标准，为在政府会计具体准则和政府会计制度层面规范政府发生的经济业务或事项的会计处理提供了基本原则，保证了政府会计标准体系的内在一致性。特别是，《基本准则》对政府资产和负债进行界定时，充分考虑了当前财政管理的需要，比如，在界定服务政府资产时，特别强调了"服务潜力"，除了自用的固定资产等以外，将公共基础设施、政府储备资产、文化文物资产、保障性住房和自然资源资产等纳入政府会计核算范围；对政府负债进行界定时，强调了"现时义务"，将政府因承担担保责任而产生的预计负债也纳入会计核算范围。

4. 明确了资产和负债的计量属性及其应用原则：《基本准则》提出，资产的计量属性主要包括历史成本、重置成本、现值、公允价值和名义金额，负债的计量属性主要包括历史成本、现值和公允价值。同时，《基本准则》强调了历史成本计量原则，即政府会计主体对资产和负债进行计量时，一般应当采用历史成本。采用其他计量属性的，应当保证所确定的金额能够持续、可靠计量。这样规定，既体现了资产负债计量的前瞻性，也充分考虑了政府会计实务的现状。

5. 构建了政府财务报告体系：《基本准则》要求政府会计主体除按财政部要求编制决算报告外，至少还应编制资产负债表、收入费用表和现金流量表，并按规定编制合并财务报表。同时强调，财务报告包括政府综合财务报告和政府部门财务报告，构建了满足现代财政制度需要的政府财务报告体系。

第二节　事业单位会计

一、事业单位会计特点

（一）事业单位会计核算目标是向会计信息使用者提供与事业单位财务状况、事业成果、预算执行等有关的会计信息；

（二）会计核算一般采用收付实现制，但部分经济业务或者事项的核算采用权责发生制（企业会计核算采用权责发生制）；

（三）事业单位会计要素分为资产、负债、净资产、收入和支出五大类（企业会计要素分为六类）；

（四）事业单位的各项财产物资应当按照取得或购建时的实际成本进行计量。

二、资产和负债

（一）资产

事业单位的资产包括货币资金、短期投资、应收及预付款项、存货、长期投资、固定资产、在建工程、无形资产等。

1. 货币资金：库存现金、银行存款、零余额账户用款额度等

（1）事业单位的库存现金，是存放在本单位的现金，主要用于单位的日常零星开支。每日账款核对中发现现金溢余或短缺的，应当及时进行处理。

（2）事业单位库存现金的账务处理

①如发现现金溢余：

借：库存现金

　　贷：其他应付款（应支付给有关单位或他人）

　　　　其他收入（无法查明原因）

②如发现现金短缺：

借：其他应收款（应由责任人赔偿）

　　　其他支出（无法查明原因）

贷：库存现金

（3）事业单位的银行存款，指事业单位存入银行或其他金融机构的各种存款。"银行存款日记账"应定期与"银行对账单"核对，至少每月核对一次。

（4）事业单位的零余额账户用款额度

①国库集中支付制度

国库集中收付，是指以国库单一账户体系为基础，将所有财政性资金都纳入国库单一账户体系管理，收入直接缴入国库和财政专户，支出通过国库单一账户体系支付到商品和劳务供应者或用款单位的一项国库管理制度。

②零余额账户用款额度

期末借方余额反映事业单位尚未支用的零余额用款额度。该科目年末应无余额。

2. 事业单位的短期投资

事业单位的短期投资是指事业单位依法取得的，持有时间不超过一年（含一年）的投资，主要是国债投资。其账务处理如下：

（1）取得时

借：短期投资（购买价款、税金、手续费等）

　　贷：银行存款

（2）持有期间收到利息时

借：银行存款

　　贷：其他收入

（3）出售或到期收回短期国债本息

借：银行存款

　　贷：短期投资

　　　　其他收入（差额、可能在借方）

3. 应收及预付款项

（1）财政应返还额度

财政应返还额度，指实行国库集中支付的事业单位，年度终了应收财政下年度返还的资金额度，即反映结转下年使用的用款额度。其账务处理如下：

①财政直接支付情况下：

a. 收到"财政直接支付入账通知书"时（补助不是一次性全给，你用多少给你支付多少）：

借：事业支出

　　贷：财政应返还额度——财政直接支付

b．年度终了，根据本年度财政直接支付预算指标数与当年财政直接支付实际支出数的差额：

借：财政应返还额度——财政直接支付

　　贷：财政补助收入

c．下年度恢复财政直接支付额度后，事业单位以财政直接支付方式发生实际支出时：

借：事业支出

　　贷：财政应返还额度——财政直接支付

②在财政授权支付方式下：

a．收到代理银行盖章的"授权支付到账通知书"时（补助是一次性全给了）：

借：零余额账户用款额度

　　贷：财政补助收入

b．按规定支用额度时：

借：事业支出

　　贷：零余额账户用款额度

c．年度终了，依据代理银行提供的对账单作注销额度的相关账务处理：

借：财政应返还额度——财政授权支付

　　贷：零余额账户用款额度

d．下年初恢复额度时：

借：零余额账户用款额度

　　贷：财政应返还额度——财政授权支付

（2）应收票据的账务处理

①事业单位取得应收票据时：

借：应收票据

　　贷：经营收入／应缴税费等

②应收票据收回、贴现、背书转让或转为应收账款时：

借：银行存款／应收账款等

　　贷：应收票据

（3）事业单位的应收账款

事业单位的应收账款是指事业单位因开展经营活动销售产品、提供有偿服务等而应收取的款项。其账务处理如下：

①事业单位发生应收账款时：

借：应收账款

　　贷：经营收入／应缴税费等

②收到款项时：

借：银行存款

　　贷：应收账款

③逾期三年或以上、有确凿证据表明确实无法收回的应收账款（预付账款和其他应收款），按规定报经批准后予以核销。核销的应收账款应在备查簿中保留登记：

a. 转入待处置资产时，按照待核销的应收账款金额：

借：待处置资产损溢

　　贷：应收账款

b. 报经批准予以核销时：

借：其他支出

　　贷：待处置资产损溢

c. 已核销应收账款在以后期间收回的，按照实际收回的金额：

借：银行存款等

　　贷：其他收入

（4）预付账款

事业单位的预付账款是指事业单位按照购货、劳务合同规定预付给供应单位的款项。

（5）其他应收款

事业单位的其他应收款指事业单位除财政应返还额度、应收票据、应收账款、预付账款以外的其他各项应收及暂付款项，如职工预借的差旅费、拨付给内部有关部门的备用金、应向职工收取的各种垫付款项。

4. 事业单位的存货

（1）存货发出时

存货在发出时，采用先进先出法、加权平均法或者个别计价法确定发出存货的实际成本。其基本账务处理如下：

借：事业支出（专业业务）

经营支出（经营业务）

待处置资产损溢（捐赠、无偿调出、盘亏或者毁损、报废）

贷：存货

（2）存货期末处理

事业单位的存货期末应当定期进行清查盘点，每年至少盘点一次。

①盘盈的存货：

借：存货

贷：其他收入

②盘亏或者毁损、报废的存货，转入待处置资产时：

借：待处置资产损溢

贷：存货

③报经批准予以处置时：

借：其他支出

贷：待处置资产损溢

5. 事业单位的长期投资

（1）长期投资的取得

①以货币资金取得

按照实际支付的全部价款（包括购买价款以及税金、手续费等相关税费）作为投资成本，长期投资增加时，应当相应增加非流动资产基金：

借：长期投资

贷：银行存款等

同时：借：事业基金

贷：非流动资产基金——长期投资

②以非现金资产取得

按照非现金资产的评估价值加上相关税费作为投资成本。长期投资增加时，应当相应增加非流动资产基金。

（2）长期投资持有期间

事业单位长期投资在持有期间应采用成本法核算思维。事业单位收到利润或者利息时，按照实际收到的金额：

借：银行存款等

　　贷：其他收入——投资收益

（3）长期投资的处置

①对外转让或到期收回：

按照实际收到的金额：

借：银行存款

　　其他收入——投资收益（差额）

　　贷：长期投资

　　　　其他收入——投资收益（差额）

同时，按照收回长期投资对应的非流动资产基金，

借：非流动资产基金——长期投资

　　贷：事业基金

②转让或核销：

借：待处置资产损溢

　　贷：长期投资

实际转让或报经批准予以核销时，应相应减少非流动资产基金，

借：非流动资产基金——长期投资

　　贷：待处置资产损溢

6. 事业单位的固定资产

事业单位的固定资产是指事业单位持有的使用期限超过一年（不含一年）、单位价值在1000元以上（其中，专用设备单位价值在1500元以上），并在使用过程中基本保持原物质形态的资产。六大类：房屋及构筑物；专用设备；通用设备；文物和陈列品；图书、档案；家具、用具、装具及动植物。其账务处理如下：

（1）固定资产取得

借：固定资产

　　贷：非流动资产基金——固定资产

同时：借：事业支出／专用基金——修购基金等

　　　　贷：银行存款等

（2）计提固定资产折旧

按月计提：**借**：非流动资产基金——固定资产

     贷：累计折旧

（3）固定资产的处置

①固定资产转入待处置资产时：

借：待处置资产损溢

  累计折旧

  贷：固定资产

②固定资产报经批准予以核销时：

借：非流动资产基金——固定资产

  贷：待处置资产损溢

7. 事业单位的在建工程

事业单位的在建工程是指事业单位已经发生必要支出，但尚未完工交付使用的各种建筑（包括新建、改建、扩建、修缮等）和设备安装工程。其账务处理如下：

（1）自建工程

①将固定资产转入改建、扩建或修缮等时：

借：在建工程

  贷：非流动资产基金——在建工程

同时，按照固定资产对应的非流动资产基金

借：非流动资产基金——固定资产

  累计折旧

  贷：固定资产

②支付工程价款及专门借款利息时：

借：在建工程

  贷：非流动资产基金——在建工程

同时：**借**：事业支出／其他支出等

    贷：银行存款

③工程完工交付使用时：

借：固定资产

  贷：非流动资产基金——固定资产

同时：**借**：非流动资产基金——在建工程

　　　　贷：在建工程

（2）设备安装工程

①购入需要安装的设备（双分录）：

借：在建工程

　　贷：非流动资产基金——在建工程

同时，按照实际支付金额

借：事业支出／经营支出等

　　贷：银行存款

②发生安装费用（双分录）：

借：在建工程

　　贷：非流动资产基金——在建工程

同时：**借**：事业支出等

　　　　贷：银行存款

③设备安装完工交付使用时（双分录）：

借：固定资产

　　贷：非流动资产基金——固定资产

同时：**借**：非流动资产基金——在建工程

　　　　贷：在建工程

8．事业单位的无形资产

事业单位购入的不构成相关硬件不可缺少组成部分的应用软件，应当作为无形资产核算。自行开发并按照法律程序申请取得的无形资产，按照依法取得时发生的注册费、聘请律师费等费用作为无形资产的成本入账，依法取得前所发生的研究开发支出不作为无形资产成本，应当于发生时直接计入当期支出。其账务处理如下：

（1）资产取得

无形资产的取得（双分录）

借：无形资产

　　贷：非流动资产基金——无形资产

同时，按照实际支付金额，

借：事业支出等

    贷：银行存款

（2）计提无形资产摊销

按月计提：**借**：非流动资产基金——无形资产

         贷：累计摊销

（3）无形资产的处置

①无形资产转入待处置资产时：

借：待处置资产损溢、累计摊销

    贷：无形资产

②无形资产实际转让时：

借：非流动资产基金——无形资产

    贷：待处置资产损溢

③收到转让收入时：

借：银行存款

    贷：待处置资产损溢

处置净收入根据国家有关规定处理。

（二）负债

负债是指事业单位所承担的能以货币计量，需要以资产或者劳务偿还的债务。事业单位的负债包括短期借款、应缴款项、应付职工薪酬、应付及预收款项、长期借款、长期应付款等。

1. 短期借款

事业单位的短期借款是指事业单位借入的期限在一年内（含一年）的各种借款。其账务处理如下：

（1）借入各种短期借款时：

借：银行存款

    贷：短期借款

（2）支付短期借款利息时：

借：其他支出

    贷：银行存款

（3）归还短期借款时：

借：短期借款

　　贷：银行存款

2. 应缴款项

事业单位的应缴款项是指事业单位应缴未缴的各种款项，包括应当上缴国库或者财政专户的款项、应缴税费，以及其他按照国家有关规定应当上缴的款项。

（1）应缴税费

事业单位的应缴税费是指事业单位按照税法等规定计算应缴纳的各种税费，包括增值税、城市维护建设税、教育费附加、车船税、房产税、城镇土地使用税、企业所得税等。

（2）应缴国库款

事业单位的应缴国库款是指事业单位按规定应缴入国库的款项（应缴税费除外）。其账务处理如下：

①事业单位按规定计算确定或实际取得应缴国库的款项时：

借：有关科目

　　贷：应缴国库款

②上缴款项时：

借：应缴国库款

　　贷：银行存款等

（3）应缴财政专户款

事业单位的应缴财政专户款是指事业单位按规定应缴入财政专户的款项。

3. 应付职工薪酬

事业单位的应付职工薪酬包括基本工资、绩效工资、国家统一规定的津贴补贴、社会保险费、住房公积金等。其账务处理如下：

（1）事业单位计算当期应付职工薪酬：

借：事业支出／经营支出等

　　贷：应付职工薪酬

（2）按税法规定代扣代缴个人所得税：

借：应付职工薪酬

　　贷：应缴税费

（3）向职工支付工资、津贴补贴等薪酬及按照国家规定缴纳职工社会保险费和住房公积金时：

借：应付职工薪酬

　　贷：银行存款

4. 应付及预收款项

事业单位的应付及预收款项是指事业单位在开展业务活动中发生的各项债务，包括应付票据、应付账款、其他应付款等应付款项和预收账款。

（1）应付票据

事业单位的应付票据包括银行承兑汇票和商业承兑汇票。

（2）应付账款

无法偿付或债权人豁免偿还的应付账款（预收账款、其他应付款、长期应付款），账务处理如下：

借：应付账款／预收账款／其他应付款／长期应付款

　　贷：其他收入

（3）其他应付款

事业单位的其他应付款是指事业单位除应缴税费、应缴国库款、应缴财政专户款、应付职工薪酬、应付票据、应付账款、预收账款之外的其他各项偿还期限在一年内（含一年）的应付及暂收款项，如存入保证金等。

5. 长期借款

事业单位的长期借款的账务处理如下：

（1）事业单位借入各种长期借款时：

借：银行存款

　　贷：长期借款

（2）支付长期借款利息时：

借：其他支出

　　贷：银行存款

6. 长期应付款

事业单位的长期应付款是指事业单位发生的偿还期限超过一年（不含一年）的应付款项，如以融资租赁租入固定资产的租赁费、跨年度分期付款购入固定资产的价款等。

三、净资产

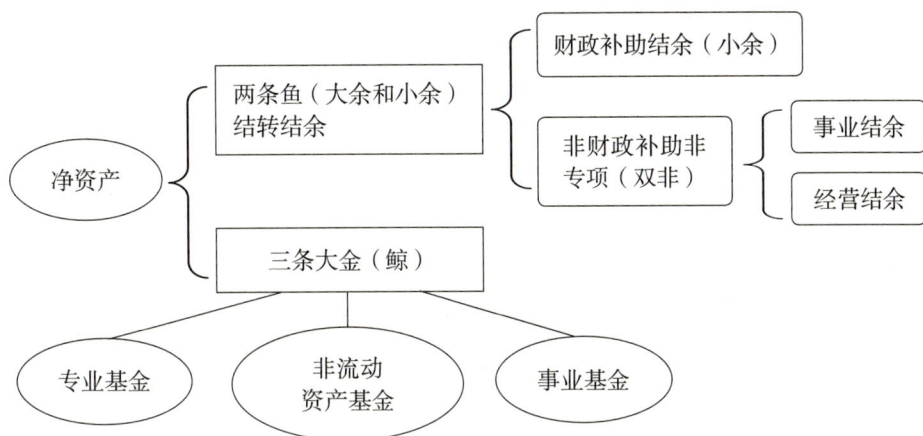

图8-1 事业单位净资产的组成

（一）财政补助结转结余

财政补助结转资金是指当年支出预算已执行但尚未完成或因故未执行，下年需按原用途继续使用的财政补助资金。财政补助结转包括基本支出结转和项目支出结转。其账务处理如下：

1. 月末处理

根据财政补助收入本期发生额，

借：财政补助收入

　　贷：财政补助结转（类似于"本年利润"）

根据财政补助支出本期发生额，

借：财政补助结转

　　贷：事业支出——财政补助支出

2. 年末处理

将符合财政补助结余性质的项目余额转入"补助结余"

借：财政补助结转（余额为正数）

　　贷：财政补助结余（类似于"利润分配"）

或：**借：财政补助结余**

　　　　贷：财政补助结转（余额为负数）

3. 按规上缴

按规定上缴财政补助结余资金或注销财政补助结余额度的，按照实际上缴资金数额或注销的资金额度数额（针对项目支出的财政补助）

借：财政补助结余
　　贷：财政应返还额度——财政直接支付
　　　　零余额账户用款额度
　　　　银行存款

取得主管部门归集调入财政补助结余资金或额度的，做相反会计分录。

（二）非财政补助结转结余

1. 非财政补助结转

期末，事业单位应当将除财政补助收支以外的各专项资金收支结转至"非财政补助结转"科目。其账务处理如下：

（1）期末处理

根据事业收入、上级补助收入、附属单位上缴收入、其他收入本期发生额中的专项资金收入

借：事业收入
　　上级补助收入
　　附属单位上缴收入
　　其他收入
　　贷：非财政补助结转

根据事业支出、其他支出本期发生额中的非财政专项资金支出

借：非财政补助结转
　　贷：事业支出——非财政专项资金支出
　　　　其他支出

（2）年末处理

将已完成项目的项目剩余资金区分以下情况处理：

①缴回原专项资金拨入单位时：

借：非财政补助结转
　　贷：银行存款

②留归本单位使用时：

借： 非财政补助结转

　　贷： 事业基金

提示

> 专项资金不需要通过结余分配直接抵达事业基金或者返还原单位（专——（基）机）。

2. 非财政补助结余

非财政补助结余包括事业结余和经营结余两个组成部分（大鱼和小鱼）。

（1）事业结余

事业结余是指事业单位一定期间除财政补助收支、非财政专项资金收支和经营收支以外各项收支相抵后的余额。其账务处理如下：

①期末账务处理

期末，根据事业收入、上级补助收入、附属单位上缴收入、其他收入本期发生额中的非专项资金收入

借： 事业收入

　　　上级补助收入

　　　附属单位上缴收入

　　　其他收入

　　贷： 事业结余

根据事业支出、其他支出本期发生额中的非财政、非专项资金支出，以及对附属单位补助支出、上缴上级支出的本期发生额

借： 事业结余

　　贷： 事业支出——其他资金支出

　　　　　其他支出

②年末账务处理

年末，将事业结余转入"非流动资产结余分配"

借或贷： 事业结余

　　　贷或借： 非财政补助结余分配

（2）经营结余

经营结余是指事业单位一定期间各项经营收支相抵后余额弥补以前年度经营亏损后的余额。其账务处理如下：

①期末账务处理

a．根据经营收入本期发生额：

借：经营收入

   贷：经营结余

b．根据经营支出本期发生额：

借：经营结余

   贷：经营支出

②年末账务处理

年末，如"经营结余"科目为贷方余额，将余额结转至"非财政补助结余分配"科目：

借：经营结余

   贷：非财政补助结余分配

如为借方余额，即为经营亏损，不予结转。

（3）非财政补助结余分配

非财政补助结余分配是用来核算事业单位本年度非财政补助结余分配的情况后结果。其账务处理如下：

①年末，将"事业结余"科目余额和"经营结余"科目贷方余额结转至"非财政补助结余分配"科目后，要按照规定进行结余分配。

②有企业所得税缴纳义务的事业单位计算出应缴纳的企业所得税：

借：非财政补助结余分配

   贷：应缴税费

③按照有关规定提取职工福利基金的，按提取的金额：

借：非财政补助结余分配

   贷：专用基金

④将"非财政补助结余分配"科目余额结转至事业基金：

借或贷：非财政补助结余分配

　　　　贷或借：事业基金

（三）事业单位基金

1. 事业基金

事业基金是指事业单位拥有的非限定用途的净资产，主要为非财政补助结余扣除结余分配后滚存的金额。其账务处理如下：

年末，

借或贷：非财政补助结余分配

　　　　贷或借：事业基金

将留归本单位使用的非财政补助专项（项目已完成）剩余资金结转至事业基金：

借：非财政补助结转

　　贷：事业基金

2. 非流动资产基金

事业单位的非流动资产基金是指事业单位长期投资、固定资产、在建工程、无形资产等非流动资产占用的金额。

3. 专用基金

事业单位的专用基金是指事业单位按规定提取或者设置的具有专门用途的净资产，主要包括修购基金、职工福利基金等。其账务处理如下：

事业单位按规定提取专用基金时：

借：有关支出科目或"非财政补助结余分配"科目

　　贷：专用基金

按规定使用专用基金时：

借：专用基金

　　贷：银行存款等

使用专用基金形成固定资产的，同时：

借：固定资产

　　贷：非流动资产基金——固定资产

四、收入和支出

（一）收入

事业单位的收入包括财政补助收入、事业收入、上级补助收入、附属单位上缴的收入、其他收入和经营收入等。

1. 财政补助收入

财政补助收入是指事业单位直接从财政部门取得的和通过主管部门从财政部门取得的各类事业经费。

不同财政资金支付方式下的账务处理如表8-4所示。

表8-4 不同财政资金支付方式下的账务处理

支付方式	账务处理	
财政直接支付方式下	国库直接将款项划拨到收款人的银行账户，事业单位不接触该款项	借：事业支出 　　贷：财政补助收入
财政授权支付方式下	国库直接将款项支付给代理银行"零余额账户用款额度"，然后通过该"零余额账户用款额度"支付给收款人账户，事业单位不接触该款项	
	申请批准时： 借：零余额账户用款额度 　　贷：财政补助收入	用款时： 借：事业支出单位 　　贷：零余额账户用款额度
财政实拨资金	事业单位接触该款项	
	申请批准时： 借：银行存款 　　贷：财政补助收入	用款时： 借：事业支出等 　　贷：银行存款

2. 非财政补助类收入

（1）事业收入

事业单位的事业收入是指事业单位开展专业业务活动及其辅助活动取得的收入。其账务处理（分专项、非专项）如下：

①对采用财政专户返还方式管理的事业收入，收到应上缴财政专户的事业收入时：

借：银行存款等

　　贷：应缴财政专户款

②向财政专户上缴款项时，按照实际上缴的款项金额：

借：应缴财政专户款

　　贷：银行存款等

③收到从财政专户返还的事业收入时，按照实际收到的返还金额：

借：银行存款等

　　贷：事业收入

④期末：

借：事业收入（专项）

　　贷：非财政补助结转

或借：事业收入（非专项）

　　　贷：事业结余

（2）上级补助收入

事业单位的上级补助收入是指事业单位从主管部门和上级单位取得的非财政补助收入。其账务处理（分专项、非专项）如下：

事业单位收到上级补助收入时：

借：银行存款等

　　贷：上级补助收入

期末，上级补助收入的账务处理同事业收入。

（3）附属单位上缴收入

事业单位的附属单位上缴收入是指事业单位★附属独立核算单位按照有关规定上缴的收入。其账务处理（分专项、非专项）如下：

事业单位收到附属单位缴来款项时：

借：银行存款等

　　贷：附属单位上缴收入

期末，附属单位上缴收入的账务处理同事业收入。

（4）其他收入

事业单位的其他收入包括投资收益、银行存款利息收入、租金收入、捐赠收入、现金盘盈收入、存货盘盈收入、收回已核销应收及预付款项、无法偿付的应付及预收款项等。其账务处理（分专项、非专项）如下：

①事业单位在收到利息、利润、租金收入、现金捐赠收入、发现现金溢余、以及收回已核销的应收及预付款时：

借：银行存款／库存现金等

　　贷：其他收入

②事业单位在接受存货捐赠或发生存货盘盈时：

借：存货

　　贷：其他收入

③发生无法偿付或债权人豁免偿还应付及预收款项业务时：

借：应付账款

　　贷：其他收入

期末，其他收入的账务处理同事业收入。

（5）经营收入

事业单位的经营收入是指事业单位在专业业务活动及其辅助活动之外开展非独立核算经营活动取得的收入。其账务处理如下：

期末（经营收入——事业单位自己的钱，没有专项与非专项，不用结转，只算结余）

借：经营收入

　　贷：经营结余

（二）支出

事业单位的支出包括事业支出、对附属单位补助支出、上缴上级支出、经营支出和其他支出等。

1．事业支出

事业单位的事业支出是指事业单位开展专业业务活动及其辅助活动发生的基本支出和项目支出。其账务处理如下：

（1）当期处理

事业单位开展专业业务活动及其辅助活动中发生的各项支出时：

借：事业支出

　　贷：银行存款／应付职工薪酬／存货等

（2）期末处理

①借：财政补助结转

　　贷：事业支出——财政补助支出

②借：非财政补助结转

　　贷：事业支出——非财政专项资金支出（专项）

③借：事业结余

　　贷：事业支出——其他资金支出（非专项）

2. 非财政补助类支出

（1）上缴上级支出

事业单位的上缴上级支出是指事业单位按照财政部门和主管部门的规定上缴上级单位的支出。其账务处理如下（没有专项）：

①事业单位按规定将款项上缴上级单位：

借：上缴上级支出

　　贷：银行存款等

②期末（属于非专项）：

借：事业结余

　　贷：上缴上级支出

（2）附属单位补助支出

事业单位的对附属单位补助支出是指事业单位用财政补助收入之外的收入对附属单位补助发生的支出。其账务处理如下（没有专项）：

①事业单位发生对附属单位补助支出：

借：对附属单位补助支出

　　贷：银行存款等

②期末（属于非专项）：

借：事业结余

　　贷：对附属单位补助支出

（3）经营支出

事业单位的经营支出是指事业单位在专业业务活动及其辅助活动之外开展非独立核算经营活动发生的支出。其账务处理如下：

①事业单位在专业业务活动及其辅助活动之外开展非独立核算经营活动发生的各项支出：

借：经营支出

　　贷：银行存款／应付职工薪酬／存货等

②期末：

借：经营结余

　　贷：经营支出

（4）其他支出

事业单位的其他支出是指除事业支出、上缴上级支出、对附属单位补助支出、经营支出以外的各项支出，包括利息支出、捐赠支出、现金盘亏损失、资产处置损失、接受捐赠（调入）非流动资产发生的税费支出等。其账务处理如下：

①事业单位支付银行借款利息、对外捐赠现金资产、发现现金短缺、支付接受捐赠（调入）非流动资产发生的相关税费时：

借：其他支出

　　贷：银行存款／库存现金等

②a. 报经批准核销应收及预付款项、捐出或处置存货时：

借：其他支出

　　贷：待处置资产损溢

b. 期末，将"其他支出"本期发生额中的专项资金支出结转至非财政补助结转：

借：非财政补助结转

　　贷：其他支出（各专项资金支出明细科目）

c. 将"其他支出"本期发生额中的非专项资金支出结转至事业结余：

借：事业结余

　　贷：其他支出（各非专项资金支出明细科目）

五、财务报表

事业单位的财务会计报告包括财务报表和其他应当在财务会计报告中披露的相关信息和资料。

财务报表包括会计报表和附注，事业单位的会计报表至少应当包括资产负债表、收入支出表和财政补助收入支出表。附注是指对在会计报表中列示的项目的文字描述或明细资料，以及对未能在会计报表中列示项目的说明等。

（一）资产负债表的编制

1. 应当按照资产、负债和净资产分别列示。

2. 资产和负债应当分别按照流动资产和非流动资产、流动负债和非流动负债列示。

3. 事业单位应当编制月度和年度资产负债表。

（二）收入支出表的编制

1. 应当按收入、支出或者费用的构成和非财政补助结余分配情况分项列示。

2. 事业单位应当编制月度和年度收入支出表。

（三）财政补助收入支出表的编制

1. 财政补助收入支出表是反映事业单位某一会计年度财政补助收入、支出、结转及结余情况。

2. 事业单位应当编制年度财政补助收入支出表。

（四）附注

附注应包括以下内容：

1. 遵循《事业单位会计准则》《事业单位会计制度》的声明；

2. 单位整体财务状况、业务活动情况的说明；

3. 会计报表中列示的重要项目的进一步说明，包括其主要构成、增减变动情况等；

4. 重要资产处置情况的说明；

5. 重大投资、借款活动的说明；

6. 以名义金额计量的资产名称、数量等情况，以及以名义金额计量理由的说明；

7. 以前年度结转结余调整情况的说明；

8. 有助于理解和分析会计报表需要说明的其他事项。